U0628254

高能工作法

终结低效努力的深度思维

THE SUCCESSFUL CAREER TOOLKIT

［爱尔兰］帕特里克·巴尔（Patrick Barr）—— 著

陶尚芸 —— 译

群言出版社
QUNYAN PRESS

· 北 京 ·

图书在版编目（ＣＩＰ）数据

高能工作法 ／（爱尔兰）帕特里克·巴尔著；陶尚
芸译. — 北京：群言出版社，2020.6
书名原文：*The Successful Career Toolkit*
ISBN 978-7-5193-0506-2

Ⅰ．①高… Ⅱ．①帕… ②陶… Ⅲ．①工作方法－通
俗读物 Ⅳ．① B026-49
中国版本图书馆CIP数据核字（2020）第 076828 号

版权登记：**图字** 01-2020-0513

© Patrick Barr, 2019
This translation of *The Successful Career Toolkit* is published by arrangement with Kogan Page.
Simplified Chinese rights arranged through CA-LINK International LLC(www.ca-link.com) .

责任编辑：张碧英
封面设计：异一设计

出版发行：**群言出版社**
地　　址：北京市东城区东厂胡同北巷1号 （100006）
网　　址：www.qypublish.com（官网书城）
电子信箱：qunyancbs@126.com
联系电话：010-65267783　65263836
经　　销：全国新华书店

印　　刷：河北鹏润印刷有限公司
版　　次：2020年6月第1版　2020年6月第1次印刷
开　　本：880mm×1230mm　1/32
印　　张：8
字　　数：145千字
书　　号：ISBN 978-7-5193-0506-2
定　　价：59.00元

本书阅读指南

为了让你在整个职业生涯中具备必要的技能，我建议你在进入职场之前，把这本实用手册放在身边，并将其作为参考指南。**从学习如何管理自己，到思考管理任务和过程，再到管理和领导他人——本书的某些主题将贯穿你的整个职业生涯。**无论你是想了解每种情况的基本信息，还是想更新已有的知识，本书都会为你提供快速且易于应用的指南。

如果你愿意，当然可以从头到尾一字不落地阅读本书。但我认为，最好的方法是首先阅读与你所面临的特定工作环境相关的章节，其次反思内容，最后做练习，以便理论联系实际。本书的每章都会引发你的深度思考，如果有一位信得过的知己、导师或教练，你就可以与他们充分讨论。因为领导力和商业决策很少是"千里独行"的。参与讨论的人越多，获得更有价值结果的可能性就越大。

最后，我希望大家因本书而备受鼓舞，做最好的自己，获得自己想要的满足感。本书旨在为大家提供必要的职场工具。

目 录

CONTENTS

第一部分 管理自己
PART 1

第二部分　管理他人
PART 2

第三部分　管理任务
PART 3

第四部分　附录
PART 4

第一部分
管理自己

第1章　沟通技能

　　良好的沟通可以激发听众的积极性，并让他们支持你的工作。高质量的沟通还可以消除隔阂，激发人们对你的信任，缓解潜在的压力，减轻听众的焦虑。反之，则可能引起听众的不适，引致他们失去信心。因此，练习沟通技巧是让你的专业性持续发展的关键。

书面沟通

　　以下要点适用于电子邮件、即时通信、正式沟通和白皮书等多种场景。

　　小提示：沟通不是分享信息或数据，而是给信息或数据赋予意义。

沟通之前

　　读者：你的读者是谁？他们对你的话题有什么先入之见、希望和恐惧？他们为什么要关心你的信息？他们是否很好地理解你们交流的语境和背景？他们喜欢如何接收内容？

目的：你为什么要传达这个信息？为什么要现在传达？你希望引发变化或行动吗？

期望结果：你清楚自己希望从阅读邮件或文件的人那里得到什么回应或行动吗？你应该非常清楚，要让阅读的人在阅读前面的内容时就知道你的期望是什么。

在大多数业务交流中，少即是多，简单就是美——所以要简明扼要。

沟通要素

标题：标题必须引起读者的兴趣，令他们有意愿阅读内容。

简介：简要概述内容为什么对读者很重要（为什么是现在），以及下一步的期望是什么。

背景：提供信息，帮助读者理解沟通主题的背景和紧急程度。

问题或关键点：需要简明、真实并有数据支持，以及应该能清楚地概述沟通主题的范围。

影响：描述一下这次沟通会给客户、竞争者及成本、收入、人员或品牌声誉等带来什么样的影响，最好能用可预测或可量化的方式来说明。

需要的帮助：描述出需要读者提供的具体帮助。

下一步计划：概述下一步的短期计划和长期计划，清楚地说明以下内容。

— 接下来将采取什么行动？

— 谁负责执行？

— 行动什么时候开始？

— 预期的结果是什么？

— 为读者总结他们在未来几周内可能看到或听到的内容，特别要关注沟通和更新计划。

注意事项

分析感受：一旦把内容写下来，你就为它赋予了生命。如果你在网络或报纸的头版看到自己的名字，而接下来的内容却似乎脱离了题目，那么你会做何感想？第三方会如何看待你？

篇幅：在现代社会，如果你没有在开头几句话里吸引读者的注意力，他们就很可能停止阅读你的文章，转而阅读其他内容。如果你发现自己写的内容不止一页，就可能需要插入小标题。记住，在大多数交流中，少即是多，简单就是美！

语言：你所使用的语言能否引起听众的共鸣？检查一下你的用词是否过于专业，或者你使用的词或短语是否有多种解释？你是否使用了读者能理解的缩略语？你所使用的语言能唤起读者期望的结果吗？让信息与读者相关：真正优秀的沟通者能够通过某种吸引读者的方式来解释沟通主题，从而使主题变得贴近生活。

事实和数据：事实和数据可能生成多种视角——不要假设每个人都能从数据中得出相同的结论。一定要与读者保持联系，寻求他们对你的结论的反馈，从而洞察他们的观点。

暂停：如果你正在写一个自己非常感兴趣的话题，或者正在写一封带有强烈情感色彩的邮件，你有必要在按下发送键之前暂停一下。在业务沟通中，可以对相关内容或他人的观点提出质疑或异议，但这种挑战或分歧绝不能被视为是对他人的人身攻击。如有必要，在发送之前，可以先请第三方阅读一下内容。

传输时差：你可以更改电子邮件的设置，让点击发送键与电子邮件实际到达对方邮箱之间存在传输时差。有些人会故意在电子邮件中设置 10~15 分钟的延迟，如此便有时间撤回电子邮件，即使点击了发送键也无妨。

演示和演讲

媒体之间关于良好沟通的原则通常是一致的。具体来说，最重要的是明确目标和与听众的相关性。具体到演示和演讲，一些细节尤其重要。

讲故事

记住，要简明扼要。不过在口头演示或演讲中，你需要讲述一个故事，或者用一种能引起听众共鸣的方式把你的观点带入生活中。通过真实的生活场景来说明你的观点，并展示你所提议的行动，这样会很有帮助。一个可以激发听众想象力的好故事，其影响力胜于简单的事实罗列。成功的关键是确保故事的核心主题和信息与你想要表达的关键点一致。如果它们不一致，那么听众很可能感到困惑。所以，谨慎选择你要讲的故事吧。

你的演示或演讲应该能回答以下关键问题。

- 你为什么对这个话题充满热情？
- 听众为什么应该关心？为什么是现在呢？
- 怎样让听众成功获取他们真正需要的东西？
- 听众能从你的演示或演讲中学到什么？

PPT 演示

值得注意的是，PPT 不是用来读的。PPT 的设计应该强调可以引起听众好奇心的要点，或直接将要点作为大标题列出。PPT 的内容不可太多，否则会分散观众的注意力——少即是多，简单就是美！

第一页——介绍和议程：自我介绍，概述演示的目的或目标，以及你的演示中涉及的内容。在这一环节，你需要向观众解释，尤其在大家对主题的熟悉程度不一致的情况下更应该如此。比如，观众包括一些该领域的专家和一些对该主题完全陌生的人。如果你的观众有不同的学科背景，就需要花些时间让每个人对该主题都有基本的知识水平。在 PPT 第一页的结尾，要停下来与观众互动，看看你对他们的兴趣或需求的解释是否准确。

第二页——背景：描述业务挑战。你很有必要用一个故事或场景来说明该主题与现实世界的相关性。提供背景信息，帮助观众理解主题的重要性和紧急程度。

第三页——定义问题或关键点：这需要简明、真实并有数据支持，以及应该能清楚地概述主题的范围。面对一个问题，你应该概述支持你的假设的理由或事实。

第四页——解决方案：描述解决方案或通往未来的道路。例如，你可以谈谈该解决方案有什么不同之处，以及你如何衡量成功。描述一下解决方案会给客户、竞争者、成本、收入、人员或品牌声誉带来什么样的影响。

第五页——总结和行动：总结你的演示内容或者观众应该从你的演示中学到的内容。说明下一步计划（参考第 3 页"下一步计划"内容）。

分析感受

做完 PPT 后，检查你写的内容能否引起观众的共鸣，这点很重要。让自己站在观众的角度想问题——你是否以一种能引起观众共鸣的方式来传达演示内容？如果你进行了演示，第三方会怎么看？

你所使用的语言会引起观众的共鸣吗？检查一下你的用词是否过于专业，或者是否使用了可能有多种解释的词或短语。你有没有使用观众听不懂的缩略语？你使用的语言能唤起观众期望的效果吗？避免歧义——你可能认为自己在清楚地表达什么，但观众会有完全不同的理解。如果观众来自不同的文化背景，演讲者尤其需要做到这一点。

PPT 的内容应该与你的演示一致，它不应该分散观众的注意力。如果观众正在观看你的 PPT，他们就可能没有注意听。记住，PPT 不应该只是口头内容的文字版本——千万不要对着 PPT 上的文字照本宣科！

演讲和传达

你在演讲中所讲述的大部分内容都是由你的陈述方式加强的。你的肢体语言、语调和身体状态会对内容的整体冲击力产生影响。展示你对该主题的热情吧！你的听众会因此积极回应你对该话题的热情和兴趣。不要忘记微笑，要与观众进行眼神交流。你最好站着演讲，以确保观众看得见你；不要躲在讲台后面；以清晰、平和对话的语气表达。在可能的情况下，你可以提前到达并熟悉场地：你将怎样走上演讲台？你将使用哪种类型的麦克风？光线是否刺眼，会使观众看不见吗？你需要考虑外部噪声吗？

舒适的衣服具有掩饰作用，或者至少不会突出你的紧张表现。

比如，如果你紧张时容易出汗，就可以穿宽松的衣服；如果你的额头容易出汗，那么试着在口袋里放一张纸巾；穿保暖的衣服，不要因为寒冷和紧张而瑟瑟发抖。尽你最大的努力做好准备，减轻心理压力，从而将风险降到最低。下面是一些重要提示。

- 准备一些带有关键词的提示卡，这样可以帮助你完成演讲——你可能不会使用提示卡，但写卡片的行为会帮助你以缓慢而有条理的方式思考。此外，你知道自己有备用卡，也会增添信心。
- 不要佩戴走动时会发出声音的珠宝，那样会分散听众的注意力。
- 不要把不重要的东西带到演讲台上。
- 在演讲之前，减少咖啡因的摄入量。
- 在可能的情况下，提早到场并检查周围的环境，以免发生意外。

演讲的目的是在开始的几分钟内吸引听众的注意力。与听众互动，看看你是否满足了他们的需求。你应该有三个版本的演讲文稿：一个微型版本（3分钟），一个标准版本（10分钟）和一个较长版本（30分钟），你需要根据听众的需要加快或放慢演讲速度。下面有一个"10–20–30"经验法则，也许对大家会有所帮助。

- 不超过 10 张幻灯片；
- 不超过 20 分钟；
- 字号不小于 30 号。

记住，在演讲中，除非你看到了听众的反应，否则你永远不知道自己传达了什么。不要假设听众会以你想要的方式理解你的观点，他们会把自己的观点带入演示中，这可能扭曲你所讲的内容。为了验证他们的理解，一定要留出时间，让听众向你提问，你也要向听众提问。

做你自己很重要——要真诚、要诚实。如果你不相信自己演示的东西，就不要呈现出来。如果你不知道某个问题的答案，请试着暂时放下，稍后再回复，而不是挣扎着在此刻虚张声势地回答。如果你需要更多的时间思考某个问题的答案，那么你可以让对方提供更多关于该问题的背景，这会为你构思答案赢得一些时间。

请把语速放慢，听众来是因为他们想听你说什么。所以不要着急，深呼吸，慢慢来。

处理忧虑和紧张

首先要记住的是，紧张是自然发生的，是一件好事！紧张是人们意识增强的生理表现，暗示我们需要对周围环境更加警觉。在任何重要的演讲之前，我们都应该有点儿紧张——紧张只是让我们准备进入一个不确定的局面，或退出我们的舒适区的自然方式。

总之，紧张是好现象！

- 紧张是提高我们对周围环境警觉性的一种自然方式。
- 紧张会使你的感觉变得敏锐。
- 紧张会使你想起当下场合的重要性。
- 紧张向观众表明你重视的程度。
- 紧张抑制了与演讲情境无关的其他干扰。

对付紧张的最好办法是承认紧张的存在。比如，告诉别人你很紧张。在演讲开始时，你完全可以这样说："我有点紧张，因为你们是非常重要的听众、客户。对于我来说，这次演讲顺利进行非常重要。"承认紧张就是在表明你是真实、坦诚的——大多数观众会觉得这两个特质很可爱。

当我们试图隐藏或否认紧张时，它反而会变得消极或具有破坏性。

重要提示和技巧

说明出处：如果你不是演讲内容的原创者，请记住对内容的原创者给予承认或说明内容出处。

征求反馈：试着把反馈融入你的沟通过程中。无论是书面文件还是演示文稿，你能提前得到的任何反馈都会帮助你传递更优质的信息。世界上最好的作家和演讲者在发表作品或演讲之前，都会通过与编辑和其他专业人员沟通来完善自己的内容。你也应该如此！

PPT 切换：从一张 PPT 切换到下一张 PPT 时可能干扰观众的思路，因为有些观众不希望你在他们提出问题之前切换 PPT。在切换到下一张 PPT 之前，最好先向观众征求一下意见。比如，"我们看下一张 PPT 好吗？"

熟能生巧：这句话对演讲或演示都很适用。你可以找个人一起练习，也可以对着镜子自己练习，或者试着录下自己的声音。这样，你就可以检查自己的演讲了，最好能避免重复口头禅或发出怪声。另外，还要给自己计时。演讲应该有节奏地进行，它不是一场到终点的竞赛。

尽量避免陈词滥调：例如，用"这个问题很棒……"来回答问题。虽然说认可听众的问题是好的开场，但不要以同样的开场方式回答每个问题。

思考练习

录下自己的声音，问问自己，如果自己听到了这样的演讲，会做何反应。如果你的交流是书面的，那么可以自己大声朗读文档并录音，然后回放，感觉一下对内容是否能够产生共鸣。这样做很有用。

第2章　我的简历

简历（或工作履历表）是你希望能在众多竞争对手中脱颖而出的个人介绍。这是你的个人推销文件，会塑造你的个人形象——当你不在场的时候，它就代表你。一份优秀的简历将帮助你从竞争人群中脱颖而出。

在微软文字处理软件（Microsoft Word）或互联网上其他地方，都有很多简历模板可供选择。选择一个你认为有助于突出重点的简历模板。线条清晰，不杂乱的模板效果最好（参见第四部分的附录 1、附录 2 中的两个格式样本）。

简历应该包括哪些内容

强调你的成就

对于一位招聘经理来说，他关注的不是你做了什么，而是你传递了什么。为了能够脱颖而出，在简历中请谈论你所取得的成就，而不是投入。很多求职者会犯这样的错误：在简历中强调自己做过什么，而不是总结自己获得了哪些工作经验。想一想，你在当前和过去的职位中产生过什么影响？你会因为拥有的能力而被雇用，而不仅仅是能够努力工作。你的可交付成果应该是真实的、可测量的，并且责权清晰地归属于你。

请把重点放在你的个人影响力上！换句话说，你推动过什么事情，以及你是如何推动的。业务影响通常被总结为以下几个方面。

收入或销售增长：你做过哪些推动收入实质性增长的事情。记住，这些结果应该是可量化的。

例如，我实施了一项新的销售战略，推动销售额同比增长 X%；我领导了一项新的营销计划，推动市场份额增长 Y%。

降低成本：你主导过哪些降低成本或提高效率的改进。

例如，我推动过一项运营流程审查，结果单位成本同比下降 Y%。

客户满意度：你的哪些举措提高了客户保留率或提高了销售业绩。

例如，作为团队的一员，我实施过一个流程更改，解决了一个特定的客户痛点，从而使客户满意度提高 X%，并增加了客户重复购买的可能性。

团队绩效、管理或领导能力：你是如何提高团队士气或激励他人提高竞争力的？你如何培养他人？

例如，我发起过一项指导计划，我担任教练，通过引入新的反馈计划，我提高了团队士气。

战略：你做过什么以保证公司的可持续发展？

例如，我认识到，需要定期将团队从日常工作中抽离出来，让他们把精力放在更长期的挑战和机遇上。这样做可以减少他们当下的焦虑、纠结，让团队充满活力。因为他们会觉得自己是战略的主导者，能够确保公司在未来取得成功。

风险最小化：你采取过什么措施以消除或减少流程中的风险？

例如，我确保每年进行一次全面的尽职调查，以识别和减少所有关键风险，并对所有关键流程进行压力测试。

你没必要在上述所有领域都产生影响，但你申请的职位越高，需要涵盖的领域就越多。

简洁、相关、有效

越少越好——读你简历的人是在其中寻找与职位要求密切相关的事实。根据你所申请职位的描述来定制自己的简历。记住，你的简历可能被机器筛选或被对招聘职位一无所知的人员审阅，所以他们只会寻找关键词。这些关键词通常可以在职位描述中被找到。仔细阅读职位描述内容，找出该职位所需要的关键能力和经验，并确保在简历中突出这些要点。

专业持续发展

大多数负责招聘的人员都会希望看到你在自己的领域不断进步。学习不是当你离开学校后就停止的事情。能够在简历中表现出你对学习和进一步发展的热情是件好事。所有的教育、进修情况都应该被列出来。

软技能

绝大多数职位都需要与同事或客户紧密合作。在许多情况下，这可能涉及文化差异。尽可能说明你具备与所有类型的人积极合作的能力，并愿意尊重不同的世界观和习俗。

平衡

雇主并不想雇用机器人，他们会寻找能够为团队和企业文化做出贡献的人。重要的是，你要证明自己可以在工作和生活中找到某种平衡，并且曾在慈善机构、俱乐部或其他志愿活动中服务和帮助他人。而且，你的兴趣爱好与职位描述或公司价值观中凸显的特点之间存在联系。记住，如果这些信息不能显示出你将如何在这个职位上及公司里取得成功，就没有必要体现这些信息。

个人简介

很多人在简历的开头都会附上一份 50~80 字的个人简介——

这实质上是你简历的摘要，或者是你的"电梯游说"[①]的书面版本。如果你写了一份简介，就必须让它具有吸引力和影响力，否则读者不会阅读你简历的其余部分。该简介必须与工作相关，并突出说明你特别适合这个职位的因素。

构建你的简历

编写简历的时候，你可以遵循下面的典型结构。

- 个人信息（地址、电子邮件和联系电话）

- 个人简介（可选）

- 你的技能和成就（可选）

- 你的工作经验（从最近的职位开始，重点在于你完成了什么，产生过什么影响，而不仅仅是描述你的工作内容。关注与你申请的职位相关的内容）

- 教育和培训资格

- 爱好和兴趣（可选，但不要低估平衡的重要性）

- 推荐信（目前尚没有必要列出推荐人，除非有特别要求）

---

① "电梯游说"多用来形容那些大约用30秒至两分钟就可以进行的对产品、项目、机构及其价值主张的简短介绍。——译者注

简历不要超过两页

一般而言，简历不要超过两页。即使你有丰富的工作经验，看起来需要两页以上的纸，也不建议你多写。让它简洁一点。一定要认真思考每一条信息能否帮助你获得面试机会——如果没有，就没有必要将其写进简历。

记住，能够以简洁有效的方式进行沟通，最容易使你脱颖而出。因此，简历字数不宜太多。

尽管两页纸的简历很简洁，但重要的是，第一页的内容绝对是至关重要的——你需要在前面的文字中"勾搭"读者。

重要提示和技巧

领英：确保你在领英（LinkedIn）上的个人资料与简历上的内容一致。招聘人员很可能把你的简历与你在领英上的个人资料进行对比。

照片：有些公司可能要求你提供一张照片，但大多数公司至少会查看你的领英资料，可能还有你的脸书（Facebook）和其他社交媒体资料。所以，要确保照片是合适的，专业的。顺便提一句，领英上有照片的个人资料被浏览的可能性是无照片用户的14倍。一张你和孩子一起玩耍或度假时的照片虽然可能显示出你有情趣的一面，但从职业角度来说，可能并不理想。

风格：简历的风格和布局各不相同，无论风格如何，你的简历都应该易于阅读，并传达与你申请的职位紧密相关的信息。

拼写和语法：如果可能的话，找第三方来校对你的简历。理想情况下，他们会注意到标点符号是否正确，用词是否准确，以及语法是否恰当。记住，在不同的行业中，即使是常用的缩略语也可能有不同的含义。

准确：永远不要在简历中撒谎！诚信至上！一旦你损害了自己的诚信，极有可能对你的职业生涯造成无法估量的后果。如果雇主在你的简历中发现一个事实性错误或谎言，他们可以撤销对你的聘用申请。即便你已经加入公司，他们也可以立即终止与你的雇用关系。

幽默：是否感到幽默取决于阅读简历的人对简历内容的解读、个人品位，甚至心情。你无法确定幽默部分会产生什么样的效果，所以最好在简历中避免使用幽默的技法。

推荐人：确保你的推荐人知道他们可能接到询问电话，以及让他们了解你在简历中写了什么，你在面试中对未来的雇主说了什么。推荐人可以给你一个非常积极的评价，但由于大家对事情的看法不同，因此也可能在不知不觉中降低你获得工作的机会。

跟进：如果你已经提交了一份应聘简历，但没有收到对方任何回复，你可以与公司的招聘经理联系，询问你的简历是否已被接收。

思考练习

1. 写下你职业生涯中最自豪的几个时刻或成就。

2. 谁会从问题1的答案所列出的时刻或成就中受益？他们是如何从中受益的？

3. 你是用什么技巧和能力来促成"自己最自豪的时刻"产生的？

现在检查一下：这些亮点是否包括在你的简历中？你虽然可以选择不将其包含在简历中，但可以用这些内容作为你回答潜在面试问题的基础。在简历中加入这些内容的好处是，它们可能会在面试中引发话题。比起其他任何话题，你更有可能充满热情、自信和激情地谈论那些令自己自豪的时刻。

第 3 章　职业规划

你知道成功所需要的大部分品质都是以态度为基础的吗？如果你具备这些品质，成功就在你的掌控之中。

你的职业生涯可能持续几十年，所以一生从事不同的职业并不罕见。一个人可能在某一专业、学科或行业工作 20 年后决定重塑自己，做一些与之前完全不同的事情。职业规划应该是一个持续的过程。

什么是 4P

"重塑"自己的能力变得越来越重要。成功的人倾向于采用一种简单的模式，叫作 4P——目标、毅力、激情和计划。

目标（Purpose）

重要的是，花点时间评估一下什么会给你的生活带来长久的满足，什么会让你为自己的生活感到骄傲？你的事业可能不会成为你生活中不可分割的一部分，毕竟，有些人是"为了工作而生活"，有些人则是"为了生活而工作"。重要的是，要了解你的职业在生活中的位置。你的目标是自己不可或缺的一部分。

为了找寻这个目标，你可以想象着写自己的讣告——请恕我冒犯。我不是在诅咒你，而是为了帮助你想象自己希望的人生故事是什么样子。什么让你快乐？什么让你失望？你觉得什么时候最充实？你在这一过程中学到了什么？至关重要的是，花时间真正了解自己想要什么以及为什么想要。

毅力（Perseverance）

专心致志的人明白，为了实现一个目标必须在这个过程中做出某些牺牲。最终，当你确定下一步的先后顺序时，肯定会有一些权衡。你需要在逆境中勇往直前，并认识到如果某些东西值得拥有，就需要努力去实现。

从根本上讲，你应该期待遇到挫折，并倾向于把它们看作学习的机会，而不是障碍。

激情（Passion）

你的人生目标应该成为一种积极的能量来源。人生旅程本身将是有益的，会给你一种幸福感和满足感。你应该对自己的人生目标充满激情，并适当地表达这种兴奋感。你如果能够有效表达出这种激情，就会激励其他人帮助你实现自己的目标。

计划（Plan）

如果没有人生计划，生活就会变得随意。而且，如果没有具体的书面计划，实现目标的可能性就会大大降低。分享你的人生计划是至关重要的，这样其他人就知道应该如何支持你了。

许多人错误地把他们的人生计划记在脑子里。然而，如果只是把想法记在脑子里，就意味着它们很可能只是一个空想，而不是成功的基础。最终，你的计划的质量决定了成功的可能性。需要注意的是，如果采取以下三项具体措施，成功执行计划的可能性会大大提高。

- 写下计划。
- 与第三方分享你的计划。
- 设定第三方审查进度的日期。

计划是在某个时间点上实施的路线图，它应该足够灵活，好让你对即将出现的机会及时做出反应。它构成你之后进行调整的基础。计划可以而且应该随着时间的推移而改变，它不应该是死板的，也不应该以任何方式限制你的发展。它的目的是提高你实现职业目标的可能性。

职业规划过程

评估状况：抽出时间来确定你的人生目标，以及你的职业应该如何帮助你在努力实现目标的过程中获得成就感。在这一点上，重要的是要有长远的眼光，思考你的价值观以及什么才是对你来说真正最好的。小心那些自我设限的念头——虽然可能是毫无根据的假设，但它们会限制你的野心。有时候，我们在开始过于保守地考虑自己的长期努力之前，就已经扼杀了自己的抱负。基本上，你需要回答以下几个问题。

- 对我而言生活中什么是重要的？我的优先事项是什么？如果我没有被限制，那么我会怎么做？如果我不害怕，那么我会怎么做？
- 我拥有哪些资本（技能、经验和能力）？我是否有领导力？我的"个人品牌"是什么？
- 我需要学习什么？

探索：当你试图实现自己的人生目标时，回顾一下你有哪些选择。以下问题可能帮到你。

- 我是在寻找一种生活方式还是一项事业，还是两者兼而有之？

- 我最适合什么类型的职业？

- 我希望在对外部门还是对内部门工作？

- 我想在大型跨国公司还是小型本土公司工作？

- 我想在快节奏、高变化的环境中工作，还是在更从容、节奏更慢的环境中工作？

合理性检查：与你信任的顾问一起回顾你的计划，并回答上面的问题。你必须向第三方解释自己的逻辑和方法，这样可能激发出更多的想法，并有助于明确自己的想法。听自己如何自圆其说，也是一项有用的练习。

执行与回顾：完成以上研究后，就是制订计划的时候了。采取行动提高你的技术、能力和经验；采取行动保持当前的优势，并切实解决职业发展问题。你要清楚应该采取哪些行动来推进自己的职业生涯。一般来说，最好有一个"B 计划"[①]，因为一个好的职业规划不止包括一条实现最终目标的路径。

招揽盟友：职业管理的一个关键部分是，你要确保有一个了解你的职业抱负并准备在你的职业生涯中提供支持的人脉团队。与关键"盟友"进行一系列会谈，以确保你们的关系保持稳固，

---

① "B 计划"是指备选方案。——译者注

并让他们知道你想从中得到什么。"离久情疏"这句老话是非常正确的。你需要让你的"盟友"充分了解你的能力，你下一步想做什么以及你长期的目标是什么。

曝光：许多人认为自己的资历会自然而然地引起用人方的关注。不幸的是，事情往往没那么简单。你的资历越高，越要用心管理自己的应聘资料，提升你自己也就显得越有必要。

归根结底，招聘者正在承担风险——如果招聘经理认为他们了解或听说过应聘者，那么他们的聘用风险就会降低。人们很少聘用完全陌生的人担任高级职位，通常会通过某种形式的社交网络或内部推荐来建立联系，或者你有很强大的公众形象能让他人认识你。如果你没有积极地管理自己的曝光率，那么你与招聘经理之间的联系可能就不存在。因为招聘经理不会找他们从未听说过的人进行"猎头"。你可以在第 11 章中读到更多关于管理自己的个人品牌的内容，在第 12 章中读到更多关于有效的人际关系的内容。

重要提示和技巧

你的计划：把你的计划看作通往成功的"路线图"。这不会是约束你的障碍——你总是可以偏离并修改计划，但至少你要有一个明确的起点，并有一个清晰的规划。这样，你做的就是一个深思熟虑的改变，而不是以一种随意的方式应对生活的起起落落。

只存在于脑子里的计划不是规划，而是梦想！

下一个职位是通向未来的跳板和通道：思考一下你的下一个角色应该是什么，这样做是有意义的。你的目标职位会成为获得其他机会的跳板或通道吗？担任该职位后，你会获得什么技术、能力和经验？要经常问自己：正在考虑的这个职位会增加自己实现长期目标的可能性吗？

职业偏好测试：你可以参加免费的在线职业偏好测试，这样可能帮助你缩小搜索范围。要寻找下一个职位，只需排除那些你已知的不吸引你的职业类型。

有自己擅长的事情：不要陷入"你会擅长"的陷阱。许多人非常擅长扮演不能给他们带来满足感或长期成就感的角色。他们之所以扮演这样的角色，是因为被自己因擅长扮演这个角色而获得的赞美和潜在的薪酬诱惑；仅仅是擅长某件事并不意味着它就会给你带来长期的满足感。最好努力在你喜欢的角色和你擅长的角色之间找到平衡点。

学业成绩：不要让高分扭曲你的思维。有些人认为，因为他们的学业成绩很好，所以他们应该继续上大学或从事需要高分技能的职业。有些人最终进入某种职业领域是因为他们有资格，而不是因为真正想要追求这一事业。花点时间真正了解什么会让你长期感到满足。

选择一位职业密友：这个人应该很了解你，又能保持客观的态度。他可以不是你的伴侣或家庭成员，但他将帮助你明确自己的想法，并让你按照计划采取行动。他既会鼓励你，也会挑战你的思维。

思考练习

当你思考自己的职业生涯时，考虑下面的问题是有帮助的。

1. 你从哪里获得能量？

2. 生活中真正让你兴奋的是什么？

3. 什么话题或原因可以唤起你内心深处的反应？

4. 你的核心价值观是什么？

对自己的答案要诚实，不要陷入这样的陷阱：给出你认为应该给出的答案，或者你认为会得到其他人赞同的答案。写出答案后，问问自己，如何让自己的职业规划囊括那些对你来说很重要的内容。

第4章 员工入职

入职的前几个月对你来说至关重要。虽然你的新经理可能为你提供所需要的一切，以便你快速有效地适应新职位。但是，你也可以通过做一些事情来帮助自己充分利用新工作的机会。

早期计划的优先事项

专注于为成功做好准备。要做到这一点，必须进行相应的计划。在最初的几个星期里，你应该有三个优先事项。

- 建立良好的人际关系，尤其与你的老板、团队和其他关键的利益相关者。
- 对于你和团队来说，不仅要非常清楚成功是什么样子的，还要识别其中的风险。
- 了解公司文化和工作方式。

在这些优先事项上取得进展的最好方法，是提出问题并认真倾听答案。记住，你是在试图找出自己和职位在全局中所处的位置，以及自己如何与整体战略保持一致。对于来自组织不同部分的人来说，对你的团队如何在组织中产生影响持有不同的看法是很正常的。此外，你还应该知道哪些人是关键决策者，哪些人是决策的影响者。

新员工容易陷入以下几个关键的陷阱。

- 他们试图展示自己知道什么，而不是注意倾听。
- 没有问足够多的问题，要么是因为他们在做假设，要么是因为他们害怕自己看起来很傻。
- 专注于投入而不是产出——自己必须做什么，而不是必须实现什么。
- 没有弄清楚成功是什么样子以及自己对成功的期望是什么。
- 未能与合适的人建立关系，如关键的利益相关者。
- 没有充分利用导师的指导和经验（如果有的话）。

意识到挑战

进入一家新公司或开始一份新工作，会让人非常不安。不可避免地，你将被带出自己的舒适区，并将不得不建立自己的新角色。

你必须学会如何在新的环境中工作，在这一过程中可能会经历高潮和低谷。

关注以下几个方面可能对你有所帮助。

公司：了解公司未来12个月的战略、文化、关键风险和机遇。公司的目标是什么？谁是决定目标能否实现的关键领导者？公司内部如何传达好消息或坏消息？公司内部的分歧是如何处理的？

利益相关者：你工作的主要内部和外部客户是谁？他们如何为你的成功做出贡献？你如何为他们的成功做出贡献？他们对你有什么期望？他们喜欢工作繁忙吗？他们的工作方式是什么？

团队：这既适用于你的团队（直接下属），也适用于你所在的团队（同级）。你既要把自己介绍成专业人士，也不要忘了自己仍是凡人。你的团队在组织中是被如何看待的？你的团队想从自己这里得到什么？团队其他成员的目标和优先事项是什么？这些与你的目标和优先事项相同吗？你在完成工作时需要注意这些吗？向团队解释你希望在最初的100天里如何成长和学习。

职位：你的具体工作职责是什么？你的决策授权是什么？如何制定预算？你的职位在管理层次结构中的位置是什么？

成功标准：成功是什么样子的？如何衡量成功？你与其他人如何知道什么时候达到了目标——有什么不同？对其中的硬性和软性指标都要明确。

不成文的规定

除了正式的规定之外，你肯定还需要了解一些习俗和隐性规则，请征求以下方面的信息。

- 邮件回复时间——有些公司希望电子邮件能在 24 小时内得到回复（或至少得到确认）。
- 着装规范，包括：

  — 珠宝佩饰

  — 统一要求

  — 文身的可见度或其他方面

  — 发型和颜色

  — 如果你的职位需要面向顾客，那么着装规范是否有所不同

- 宗教和政治——这些内容是否可以表达或谈论？什么程度是适当的、合法的、正常的、可接受的？
- 离开办公室后自动回复电子邮件的内容及其格式。
- 期望你参加的下班后的活动（正式的和非正式的）。
- 公司活动中有关酒精消费的规定。
- 公司关于出差和费用的政策。
- 是否可以使用竞争对手的产品和服务？
- 什么时候可以吃午餐？在什么地方吃？怎样吃？

- 年假和法定假日——是否有不成文的规定或官方规定，哪些人可以休什么假，什么时候可以休假？停电期间可以离开吗？

- 公司产品的购买和使用是否有限制（或期望）？

- 正式或不言而喻的"深交"或约会准则——公司是否对员工与顾客、客户、同事、同行、供应商等的关系有什么规定？

- 你的公司还有其他一些新员工应该注意的特别之处吗？

重要提示和技巧

建设性：对于给你留下深刻印象的事物应给予适当的认可。你会发现改善公司或团队工作方式的方法，但要注意带来变化的方式。不要对过去或现在的做事方法过于挑剔，要把你的精力集中在可以改进的地方，以及一旦做出改变就会带来好处的方面。

自我反省：给自己定一个期限，如四五个月之后再回顾自己的变化。思考一下你在这个职位中的影响——你带来变化了吗？你认为公司或团队比以前做得更好了吗？现在，你还能做些什么不同的事情来提高你的影响力呢？

保持记录：记录你最初几个月的学习和经验。至少，下一个加入公司的新人会从你的经验中受益。

医疗要求：要让你的老板知道你可能患有的潜在疾病或有某

种过敏史，如糖尿病或哮喘。

预定计划：在加入公司之前，你可能有某些事情还未处理完毕或预订了假期。如果是这样，第一天就要让你的老板知道，这样他们就可以据此做出工作安排。

思考练习

想一想你将要开始的新工作，写下想问的问题。这些问题应该能帮助自己理解这个职位的背景、优先事项和对未来的期望。如果你觉得有一个潜在的或尚未说出口的因素在影响着你的答案，考虑一下如何进一步探究。

开始时，他们可能会问你下面的问题。

1. 团队期望的氛围是什么？

2. 如何处理冲突？

3. 团队中通常会产生什么压力？

4. 团队的主要目的是什么？

第5章　建立良好的人际关系

在工作中投入时间建立良好的人际关系，这是很重要的。没有人是"一座孤岛"——要想在组织中取得成功，你就需要他人的支持。

对同事产生兴趣

了解哪些东西对工作内外的人来说是重要的，这对你是很有帮助的。对同事的优先事项感兴趣，有助于理解如何建立或发展有效的工作关系。如果你以前没有了解过同事，那么看看他们在领英（LinkedIn）上的个人资料，或者问问可能认识他们的人，让他们给你一些建议。此时，你只是在寻找与他们的共同点或相似的兴趣点，作为建立积极工作关系的基础。找到这些的另一种方法是创造一个机会，让他们向你或团队介绍自己。当他们做自我介绍时，你可以找到大家共同感兴趣的领域，或者可能有相似观点的主题。

下面是一些可以采取的行动，也许能帮助你建立良好的工作关系。

设身处地为他人着想

试着换位思考，在他人接受新职位或开始与你共事时，试着理解他们的希望、恐惧和抱负。与其向别人灌输你的观点，不如集中精力倾听他们的想法。什么对他们来说很重要？他们需要知道什么？成功对他们来说是什么样子的？重要的是，在关系开始后不久就要把这些想法告诉对方。这能给你提供更多帮助的机会——这是建立良好关系的关键因素。

展示自己

给人留下好印象是很重要的，最好的办法是提出一些有见解的问题，而不是简单地向他们展示你所知道的。记住，只拥有知识还不够，除非你能运用这些知识。换句话说，就是你能用知识在自己的职位中产生影响，或者帮助他人在其职位中产生影响。你最终是希望他们能把你视为盟友。同样，你也可以询问他们对这个职位的期望和他们的优先事项，特别是你能做些什么来帮助他们。

确定工作方式

确定人们喜欢的工作和交流方式——他们喜欢什么？不喜欢

什么？与他们分享你的工作偏好和风格。

帮助他人迅速"成功"

帮助他人尽早"成功"，这样他们就能建立起对你的信任。如果他们是组织的新成员，你可以向他们介绍公司文化和主要的利益相关者。通过与他们分享你对组织面临的优先级的挑战或机遇的看法，以及这些问题的历史和背景来帮助他们确定工作的优先顺序，这也是值得的。

做好入职指导工作

虽然向他人指出陷阱或问题，对他来说有一定帮助，但能为他们提出一些经过深思熟虑的建议或解决方案却更有价值。

如果你是一名管理新员工的经理，那么请了解更多关于新员工的入门级知识，并帮助他们走向成功。

重要提示和技巧

刻板印象：你对他人有刻板印象吗？例如，你过去和某些人一起工作过，现在又要和他们一起工作了，不要认为他们没有改变或没有培养新的兴趣。

无意识偏见：在认识别人之前，你可能听到一些关于他们的事情。当我们遇到新朋友的时候，无意识偏见会影响我们的第一印象。这是完全自然的现象：这些思维模式是一种进化了的应对机制，我们用它来理解周围的世界，所以很难避免。这些偏见是无意识的，因此我们很难发现偏见。关键在于，当你认为自己对某个人的第一反应可能过于积极或消极时，要注意一点——保持开放的心态，超越第一印象。让你们的关系建立在实践经验的基础上，而不是仓促草率的判断上。

小心"八卦"：在一些办公室文化中，无伤大雅的"八卦"内容可以让谈话变得有趣。有些人也会利用"八卦"作为建立人际关系的一种手段——虽然是可以的，甚至是积极的，但重要的是，它既不能是拉帮结派的前兆，也不能是为更多的贬损言论铺路。散布流言可以被视为非常负面的行为，因为它可能破坏彼此间的信任，所以要谨慎行事。

思考练习

回顾"老关系"，看看你的领英联系人、脸书好友列表、电子邮件联系人等，并回答下列问题。

1. 你们去年见过多少次面？

2. 去年你与谁有过交流——电子邮件、电话、短信或社交媒体互动？

3. 其中有多少是被你刻意疏远的？

4. 有多少人试图与你沟通？

如果你没有有意识地让关系破裂，那么你可以考虑与那些你最近没见过的人相约见面，或者给他们发一封简短的电子邮件以保持联系。

第6章 为什么心态很重要

心态决定生活。人们的总体幸福感在很大程度上受其选择的影响，尤其是那些与态度有关的选择。人生态度支撑着人们的行为，影响着人们的思维，决定着人们如何对待生活的机遇和挑战。

态度也影响着人与人之间的互动方式，还可能是人们积极对话或消极对话的决定性因素。当人们处理一个非常困难或有压力的情况时，如果相关人员能拿出积极的态度，这种压力就会减少。因此，人们更有可能被具有积极态度的人吸引。

固定心态和成长心态

改变心态的第一步就是敞开心扉去了解一种情境的多种可能性。如果人们对待一件事的观点是，自己是"对的"，而其他人都是"错的"，那么就展示了一种所谓的"固定心态"。如果人们保持这种固定心态，那么只会维持现状，而不会有太大改变。

对于一些人来说，这样是可以的，因为他们仍然处于自己的舒适区内。然而，这些人很可能因此错过学习或成长的机会。

那些表现出"成长心态"的人则把当前的现实视为一个起点。然后，他们会关注在实现目标的过程中可以采取哪些行动来促进学习和发展。换句话说，他们关注的是可能发生的事情，而不会过多关注当前的情况。

如何改变心态

改变心态的最好方法就是挑战自己，与可以学习的人在一起。积极参与，尝试理解为什么其他人会持有与你不同的观点或看问题的角度——这样做的目的是在你的知识基础上学习和建立新的观点，而不只是单纯捍卫自己的观点。

成长心态的关键组成部分如下。

- 自我意识
- 实践精神
- 关注进步
- 学习机会

掌控自己

有些人会把自己置于受害者的角度，比如，"要是别人能做某件事就好了。"相比之下，高绩效的人和快乐的人往往能意识到他们拥有成功所需要的一切。他们掌握和控制自己的情况，通过制订计划来实现自己的目标。其诀窍在于，根据所能控制的情况制订行动计划，并尽量减少对运气或第三方的过度依赖。如果你无所畏惧，那么你将怎样做呢？

自我意识

你需要认识到人们对世界的看法各不相同。目击者们对同一事件的描述结果表明，人们可以由完全相同的经历，"看到"完全不同的事情。这是因为人都是通过自己独特的经验、价值观和偏好的视角来看待这个世界的。我们记录那些与自己产生共鸣的事物，然后忽略那些对自己没有产生影响的其他方面的经验。因此，我们对事实的重构将不同于其他人对同一经历的看法。这些没有对错之分，只是对世界的看法不同而已。

一旦认识到别人会以不同的方式看世界，我们就不会继续浪费时间和精力去试图改变别人的看法。因为花时间建立自我意识才是值得的。

实践精神

我们偶尔会陷入判断失误的陷阱。判断意味着必须有对与错，它首先需要我们把自己设定为有知识的人或者有正确观点的人。一旦我们这样做了，就会下意识地把自己置于一个不得不捍卫自己观点的境地。具有讽刺意味的是，我们倾向于对那些与自己最亲近的人做出判断，以至于冒着疏远潜在盟友的风险。

我们也可以选择不做判断，以便敞开心扉接受积极的经验。我们必须不断地尝试，把每个结果都看作一次学习的机会。

关注进步

你可以选择如何应对和管理自己的感受，就像你可以选择如何应对情景和行为一样。花点时间问问自己，为什么会有这种感觉——你能通过改变自己对已经发生的事情的看法来改变自己的感觉吗？例如，不是从微观的角度看问题，而是从宏观的角度看问题。

一个很好的建议是，关注进步而不只是眼前的情况。如果你遇到阻碍或挫折，不妨退后一步，对比一下现在与一个月甚至一年前的状况，必然会发现自己已经取得了很大的进步。

寻找积极的意图

某个人的行为可能让你感到厌烦。但是，在你让这种烦恼改变自己的情绪之前，请先寻找一下其中潜在的积极意图。不要让故事的戏剧性掩盖住信息背后真实的积极意图。

重要提示和技巧

自检：如果你用"是"回答下列问题，就会知道自己是否表现出了成长心态。

— 你是在挑战自己吗？

— 你是在把自己带出舒适区吗？

— 你是在采取行动，而不是"纸上谈兵"吗？

— 你是在花时间寻找可能性，而不是保持现状吗？

相信自己：世界上一些很著名的公司都是在经济衰退最严重的时期创立的——尽管悲观情绪普遍存在，但创始人看到了其中的机遇。以下这些公司或产品都是在经济衰退期间出现的。

— 《财富》（*Fortune*）杂志于 1929 年在纽约发行，当时正值经济大萧条初期，杂志定价高达 1 美元（相对而言）。同样，露华浓化妆品也于 1932 年推出。

— 微软（1975 年）和苹果（1976 年）都是在经济衰退期中成立的。

— 通用电气成立于 1892 年，是美国经济大萧条的前一年。

— 太阳马戏团成立于 1982 年，当时马戏团产业正在急剧下滑。

头脑开放：上面的例子说明，机会可以在最不可能的情况下出现，但你必须开放头脑，寻找机会，而不是紧紧抱着听天由命的固定心态。

思考练习

在过去的 12 个月里，你所采取的行动或所做的事情因你所学到的东西而有所不同吗？请列一份清单。如果你很难写出这种有意义的变化清单，那么可能表明你的思维模式是固定的。

　　当事情没有按照你最初的预期发展时，你会反思自己从中学到了什么，还是责问哪里出了问题？前者更多地显示出的可能是一种成长心态，而后者显示出的可能是一种更固定的心态。

第7章 权衡生活与工作

你在职业生涯中，可能以某种形式工作了50多年——你的职业生涯是众所周知的"马拉松"而不是"短跑"。因此，重要的是要确保管理自己的方式，能够使你做出有意义的贡献。随着时间的推移，随着工作、家庭、社区和个人抱负的变化，这些需求也会相应发生变化。其中工作与生活平衡（Work-Life Balance，WLB）尤其具有挑战性，因为它不可避免地涉及处理许多明显的有冲突的需求。同时，更多的复杂性还产生于个人情况的变化。

别人不可能管理或控制你的工作与生活的平衡，因为你是唯一能采取必要措施的人。你必须制订一个详尽的计划，以满足你的个人愿望和工作目标。你若想做到工作与生活的平衡，就需要培养良好的行为、观念和习惯。

这里有一些你可以采取的有益行动，这些行动可以让别人帮助你实现工作和生活平衡的目标。

优先顺序：列出对你来说最重要的事情。

对于每个优先事项，都要考虑对你来说是什么构成了工作和生活的良好平衡。

— 你怎么知道什么时候就拥有了工作和生活的良好平衡？

— 有什么不同？

— 你感觉如何？

— 别人怎么知道你在什么时候对工作和生活的平衡感到满意？

设定 WLB 目标：写下你的 WLB 目标。与合作伙伴或朋友分享这些目标。

你很有必要与他人一起制订计划，因为工作和生活平衡的最大威胁就是不一致、模棱两可和缺乏来自团队或家庭成员的支持。

在与上级分享你的计划之前，首先确保已经检查了以下内容：

— 你的职位是否适合弹性工作？

— 是否会对客户产生影响？

— 你的上级如能满足你的 WLB 需求，会有什么好处？

如果可能，尽量使计划也能满足同事的需求。

你要认识到存在这样一个事实：你的上级可能要求你在面对客户需求变化时要保持灵活性。因此，你的计划应该有一个小小的应急空间。

阶段性复查

工作和生活的平衡是高度个性化的，可能随着生活环境的变化而变化。因此，将工作与生活的平衡视为一种需要长期培养和重新评估的状态，会是一个好主意。在你的日历上设置一个提醒，每半年与你的老板讨论一下你的工作和生活平衡的问题，也会是一个好主意。复查的目的是评估你是否实现了平衡工作和生活的目标。

你会不时做出决定，改变工作和家庭生活的方方面面，以满足特定的短期需求：如果你觉得在一段持续的时间里每天工作到很晚能给你带来长期的好处，这是完全可以的。然而，你应该始终清楚地意识到这种决定的"机会成本"。同样地，如果你选择在家工作，那么也可能带来"机会成本"——你可能错过一些机会。

合理的日程

计划日程时，需要一个前后一致的要素。某些方面必须可预测——特别是那些与我们的身心健康有关的。充足的睡眠、锻炼和"私人专属时间"都必须毫无争议地被列入日常安排。

当你把锻炼和"私人专属时间"列入日程安排时，让第三方也参与进来是个好选择。

清晰的安排

你采取行动来维护自己的日程安排了吗？对于许多人来说，期望的模糊性可能就是压力的来源。非常清楚地设定你对他人的产出或对结果的期望，将有助于他们制订计划。如果一开始就缺乏明确性，必然会导致失望，并不得不在最后一刻仓促行事，这将不可避免地影响工作和生活的平衡。因此，当你开始做新事情的时候，一定要以所定的目标为起点，以确保你与其他利益相关者就期望和结果的具体情况进行了调整。

当缺乏来自团队和家庭的支持时，通常可以通过让他们意识到你需要什么支持、为什么需要支持，以及你将如何回报他们的帮助来解决。应关注你要解决的问题，而不是简单地说"我需要帮助"。

重要提示和技巧

做好准备：作为个体，在讨论工作和生活的平衡之前先做好计划是很重要的。你要清楚地知道需要什么、为什么需要。问问自己，关于工作和生活的平衡需求是否合理。最重要的是，如果你的工作和生活平衡的需求得到了满足，就要向公司展示你将如何为公司做出更多的贡献。你不会想让你的雇主得出这样的结论：如果你离开了他们，他们雇用了其他人，反而会过得更好。

提前计划：每年年初，将所有重要的非工作日期（生日、周年纪念日、假期、体检和与牙医的预约等）都放入日历中，提前一周设置适当的提醒，以便你可以及时请假、购买礼物等。

全方位考虑：确保你考虑了你的心理健康、身体健康，与好朋友的交往时间、社区活动时间、志愿活动或社区回馈时间，假期，医疗预约，家庭时间。

计划小贴士：寻找机会把优先事项或活动结合起来。例如，你可以与一个好朋友一起锻炼，可以让你的伴侣和孩子参与志愿活动，或者可以在工作中设立一些志愿活动。试着让他人参与到你的活动中。

思考练习

花点时间反思一下你工作和生活的平衡。

1. 列出你的优先事项。

2. 评估你的工作模式：

　　— 你使用年假吗？

　　— 你是经常第一个到达、最后一个离开的人吗？

　　— 你吃午餐吗？

3. 其他人（朋友、家人或同事）知道如何帮助你达到工作和生活的平衡吗？

4. 当你需要时，会请假去看医生吗？

5. 你休假时还会工作吗？

第8章　管理压力

压力与一种对形势失去控制的感觉密切相关，对工作表现和个人生活都会产生巨大的影响。成功的企业知道，员工的表现决定着企业的表现。一家好的公司会积极推行一些有助于养护心理健康的政策。公司关心员工的心理健康和压力水平的原因如下。

- 他们有法律责任确保其雇员享有健康和安全的工作环境，其中包括心理健康。
- 那些注重用良好的方法来管理和维持员工心理健康的公司，将在留住人才和提高生产力方面获得重大利益。
- 其他好处还包括：提高士气、忠诚度、敬业度，甚至提高公司的盈利能力。
- 许多公司关心的是人们相互照顾的道德和伦理责任——这有时被称为企业的社会责任。

所有这些都说明，你有理由期待公司用一个积极的方法来帮助管理你的压力水平和心理健康。不过，本章的重点是你能采取的行动，虽然一家好公司不会让员工独自处理自己的压力。

如何减压

应对压力的行动可能是高度个性化的。本章所建议的行动将根据个人的情况产生或大或小的影响，所以你最好尝试多种行动，以便能够确定哪种行动对你的影响最大。在没有特定顺序的情况下，你可以尝试下列行动。

- 坚持写日记——找到压力产生的原因和影响。
- 建立一个适当分类的"待办事项"列表，以帮助你更好地控制自己的工作：
  - 紧急情况；
  - 什么是重要的；
  - 什么现在不重要；
  - 应该将什么委托给其他人。
- 好好计划时间——保持日历处于最新状态，并将时间分配给特定任务。
- 减少打扰——例如，只在特定时间查看和回复电子邮件，其余时间则退出登录；工作时把手机调成静音模式。

- 与你信任的人分享感受。有一句古老的格言："有人分担一个问题就是解决了问题的一半。"这句话很有道理。与别人交谈，与他们分享你对某个场景或挑战的理解，以及你的感受，这样就可以宣泄你的情绪。

- 专注于你能控制的事情。不要让你的精力消耗在无法控制的事情上；总是寻找你力所能及的事情，并专注于完成这些事情。这一过程会给你带来进步和成就感，可能帮助你减轻压力。

- 利用上下班的通勤时间来放松自己：

  — 聆听舒缓的音乐；

  — 读一本书（或听一本有声书）；

  — 尽量避开电台脱口秀或播客的话题，因为这些话题可能增加你的压力。

- 适当休息——不要在办公桌上吃午饭；起身并离开办公室，给自己一些安静的时间；或者与朋友、同事会面，讨论一些与工作无关的话题。如果你能同时配以短距离的散步，那就更好了！

- 参与俱乐部或社团（无论是在工作中还是在工作以外）——如果你已经感到不堪重负，再做一些额外的事情就可能使情况恶化，但参加集体活动会是一种非常积极的体验，可以提升个人积极的情绪。

- 尝试大家认为有助于心理健康的实践。

  — 深呼吸

  — 瑜伽

  — 正念

  — 做运动——即使是像散步这样的轻微运动也会有所帮助

  — 谈谈你的感受

  — 避免饮酒和吸毒

如何帮助同事减压

如果你怀疑自己的同事承受着难以控制的压力，可以考虑采取一些行动——即使最终你只能听他们说说而帮不上任何忙，他们也很会感激你的关心。

首先，试着与他建立联系，找一个安静的地方提供一些开放式的问题，如他的感受如何。温和地分享你的顾虑，并指出你注意到了什么——比如，他们的焦虑是否异常，或者一反常态地错过了很多截止日期？如果他们决定与你谈谈感受，那么你要表现出同理心，仔细倾听，而不要表现出任何武断的态度。直接介入并试图为他们解决问题可能对减轻他们的压力没有什么帮助。相反，你应该帮助他们自己找出问题的根本原因。记住，压力常常与失控的感觉联系在一起，告诉一个有压力的人"如何解决它"会让他们感觉更糟。

一些常见的压力因素是工作负荷、缺乏自信（无论是否有根据），或人际关系困难。有时，这个人显然已经知道问题的根源，在这种情况下，仅仅谈话就可能对他们有所帮助；有时，与你交谈的行为本身就会启动他们的恢复过程。但是，如果你真的与某人谈论他们的压力水平，也不要期望立即产生影响。不管谈话多么有帮助，他们也需要一些时间才能恢复或重新做回自己。如果合适，建议你可以采取上文列出的一些行动。

最后，注意你的反应和讨论对自己的影响。了解某人的压力会让人不安，你会发现自己在为这个人担心，所以必须意识到谈话对你的影响，了解自己的极限。一天时间，你能做的只有这么多，最终每个人都必须为自己的压力和心理健康负责。你可以鼓励他们，继续在身边支持他们，但你应该把自己的需要也考虑进去。

重要提示和技巧

没有万能的方法：对于减轻压力或保持心理健康，没有万能的解决方案。任何行动、解决方案、政策或倡议——无论意义多么重大——都必须考虑不同人员的不同需求，以及他们所处的环境。对某个人有效的方法可能对另一个人无效。

企业文化：一个组织的文化可以极大地影响其员工的心理健康。对于一名领导者来说，主动提出心理健康的话题并让员工意识到企业文化现有的支持，这一点很重要。

耻辱感：不幸的是，在许多文化中，与心理健康问题相关的耻辱感仍然存在。你要意识到周围的人可能不愿意因此感到有压力，需要尽你所能鼓励他们接纳不完美的自己。

平衡：身心健康齐头并进——照顾好自己的身体健康同时会对压力管理产生显著的积极影响。

工作社交活动：有时，公司活动会以在酒吧或餐馆聚会的方式展开。具有讽刺意味的是，如果某个人感到有压力还必须要参加，或者在喝酒时喝得比自己想喝的多（甚至根本不想喝），那么这样做实际上会增加他的压力。酒精并不总是受欢迎的、必需的或有益的，所以当计划或要求进行场外活动时，可以考虑一些与酒精无关或不需要人们承受压力的事情。

生活事件：不管一个人多有韧性，一些重要的生活事件仍然能够而且确实会对他的压力水平产生影响。出生、死亡、离婚、搬家、健康问题，以及生活中的许多其他问题都可能带来压力。你对这些事情的反应可能让自己大吃一惊，所以适当地反思和评估是非常重要的。

获得建议：获得建议和支持对预防压力产生很重要。你的工作场所是否可以邀请专业人士就适当的话题进行讨论，是否有员工帮助计划（EAP）？公司的养老金提供方是否提供财务咨询服务？

思考练习

了解自己的情绪模式、压力水平和诱因是很好的。你可以试一试下面的方法。

1. 持续写情绪日记。当你感到特别快乐、有压力、悲伤或愤怒时，请记录下来——什么时候，发生了什么事，你吃了什么，喝了什么，以及其他可能有助于你的细节。你从中注意到有什么规律吗？

2. 幸福感"自我评价"。你的锻炼情况怎么样？你的饮食怎么样？你的睡眠怎么样？你的工作和生活是否保持了健康稳定的平衡？你在工作中找到乐趣，体会到成就感了吗？你在个人生活中感到快乐和满足吗？

第9章　处理工作中令人失望的消息

作为一名员工，你会遇到这样的情况：听到了令人失望的消息。在这种情况下，你很有必要以专业的方式做出反应。因为你一定不想给人留下无法处理坏消息的印象。例如，你错过了一次晋升的机会，你没有得到预期的加薪，抑或你收到了令人失望的业绩反馈。甚至更糟的是，你没有按照自己的方式行事，这时你的反应会更不好。在此类情况下，你完全有理由拒绝承认现实，与老板进行冷静、有控制地对话，以表达你的失望。注意你的肢体语言——有时候可能你说的内容都是对的，但是你的面部表情和肢体语言却告诉他们一个不同的故事。

失去晋升的机会

几乎任何情况都有其积极的一面。花点时间做一些安静、平和的思考，对自己要诚实。如果你错过了升职的机会，你应该问自己以下几个问题。

- 为什么我被忽略了？你要经常向人力资源经理或招聘经理寻求反馈，并根据反馈采取相应的行动。比如，想出一个你可以采取行动的理由。如果你无法控制他人的行为，那么专注于他人的行为或推卸责任（即使这是真的）就没有什么价值了。你还可以控制自己的行为，所以这才是值得关注的地方。
- 我能从被任命的人身上学到什么？
- 我能从支持任命该职务的人身上收获到什么？

还有一些更难的问题。例如，管理团队不考虑让你升职，是否意味着他们认为你的职业生涯已经达到顶峰，没有上升的空间了，或者你没有展现出自己具备这个职位所需的能力？记住，拥有所需的能力和展现出拥有所需的能力之间有很大的区别。在这一点上，你需要对自己诚实——你具备所需的技术和能力吗？更重要的是，你是否能利用这些技术和能力来造福公司或团队？

重要的是要了解你需要获得什么样的技能，以及你需要展示些什么。如果将来再遇到同样的机会，你需要做什么才能让你的老板给出积极的反馈，这是公平合理的做法。至少，你需要给出以下问题的答案。

- 你擅长什么？
- 为了产生更大的影响，你应该以不同的方式做哪两件或三件事？

收到令人失望或负面的反馈

首先，当你面对批评反馈时要看到积极的一面。如果有人肯花时间给你负面的反馈，那么他们正在做一些积极的事情。

- 他们认为你值得投资。
- 他们认为你有足够的能力接受负面反馈。
- 他们很勇敢——他们可能在告诉你一些别人没有勇气与你分享的事情。
- 他们对你感兴趣，他们关心你。记住，对于个人来说，最简单的选择是什么也不说。

反馈永远没有对错（或好坏），反馈其实就是某个人的意见。因此顾名思义，意见没有对错。你如何反应，都是你的选择。记住这一点将对你有帮助！

如果你得到了令人失望的反馈，遵循下面的步骤会对你有所帮助。

- 问自己：为什么我会得到这样的反馈？
  — 反馈是否合理？
  — 我是不喜欢这个反馈本身，还是讨厌它的传递方式？很有必要区分核心反馈内容与反馈者所表现出的行为。

— 反馈是否有效？提供负面反馈的人是否意识到你已做得很好，以及哪些地方还可以改进？

— 永远拥有答案——同样，不要把自己看成是受害者。找一个你能控制的理由，避免责怪给你负面反馈意见的人，或者过早下结论说他们"错了"。

- 找一个值得信赖的第三方来分享你的感受和经历：

  — 讨论负面反馈——看看其他人是否有同样的观点，或者看看给你负面反馈的人是如何形成这些观点的。

  — 分享你对负面反馈的感受——沮丧是可以接受的，有时谈论这些反馈对你也是有帮助的。

- 问自己，如果我再次处于这种情况下，我会采取哪些不同的做法？

- 与给你负面反馈的人谈谈，以检验学习成果和增进理解。让他们知道你已经反思了他们告诉你的事情，并与他们分享你学到的或决定改变的事情。看看这是否与他们的意思一致——这样你就能避免任何误解。

- 让他们继续给你负面反馈，让他们知道对此你很感激。然而，如果你收到的负面反馈是以一种无益或有害的方式传达的，那么最好让他们知道这样做对你有什么影响，并询问他们将来能否以不同的方式传递反馈。例如，你在公共场合因为自己做错了事而被拦下，这场面会很尴尬。你可以感谢他们让你注意到这个问题，但也可以要求他们以后私下跟你谈。

- 最后，尤其是如果负面反馈来自你的老板，那么很有必要与他就未来可交付成果达成一致意见。

如果你已经遵循了以上的步骤，但仍然觉得反馈不合理，那么你必须反思并决定你想做的长远的事情。

- 你对自己的期望与给你负面反馈的人对你的期望之间有差距吗？如果有差距，那么这一差距该如何弥合呢？
- 这只是他们的观点吗？如果你决定让他们保留这样的想法，而不改变你正在做的事情，会有什么影响呢？
- 给你负面反馈的人对你的职业发展或日常幸福感有显著影响吗？

或许还有一个雪上加霜的信息——强烈的负面反馈可能表明你没有表现出具备该职位所需要的能力。不管你是否认为这是事实，围绕你的职位能力的担忧都值得认真对待。要对自己诚实——你具备所需的技术和能力吗？更重要的是，你是否有效地运用了你所拥有的技术和能力？这种反馈来自你的老板吗？

很有必要了解你需要获得什么样的能力，以及你需要展示什么样的行为，你可以从老板那里获得什么样的帮助。当你收到非常令人失望的反馈时，很有可能不愿接受更多的负面反馈，但如果你不清楚自己到底需要做些什么来改善它，情况是不会改变的，所以你很有必要寻求具体和有建设性的反馈。

重要提示和技巧

保持平衡：寻找合适的时间和空间做出慎重的回应。你一时冲动的情绪反应可能给人留下不专业的印象，所以花点时间反思一下，然后带着一个深思熟虑过的观点回来。你也可以询问更多关于负面反馈的细节，特别是关于自己的细节。尽可能避免与他人做比较。

思考练习

想一想上次你对工作感到失望的时候，发生了什么事？为什么你会失望？

如果可以，将其记录下来。

1. 你会以不同的方式处理三件事，以便改善你处理失望的方式。

2. 你从当时的情况中学到的三件事。

3. 在令人失望的情况下，你所改变的一件事。

第 10 章 弹性

弹性（Resilience）一词意思是快速恢复或适应的能力。为了保持弹性，我们必须让自己的思想、情感和行为都尽快成熟起来，这样才能在整个实践过程中保持积极学习和努力适应的开放心态。

适应力强的人总是会问："我如何才能充分利用当前的情况。"而不是沉湎于悲观失望的情绪之中。换句话说，他们承认现实并以积极的方式处理挫折，懂得充分利用眼前的条件。

重要的是，你必须要明白，弹性未必普遍存在。这个特质你既可能有，也可能没有。通常被认为具有适应力的个体不会在所有情况下都以弹性的方式做出反应。因此，有时当某位成功人士遇到一个看似微不足道的情况而没有呈现出弹性时，人们会感到震惊。一般来说，一位成功的企业家在成功之前必定会面对许多挫折和失望。他们在创业初期就被开发并呈现出了弹性因素，从而推动了公司的发展。然而，这并不意味着他们在所有情况下都具有弹性。偶尔一个小小的挫折也会导致信心的丧失，削弱他们的弹性。

如何提高你的弹性？

随着时间的推移，你可以自行学习如何提高自己的弹性。管理弹性尚没有万能的方法，但以下方法可能对你有所帮助。

了解你的担忧或经历：有一句古老的格言："有人分担一个问题就是解决了问题的一半。"这句话很有道理。与另一个人交谈，分享一个与你有关或者会给你带来压力和焦虑的想法和感受，这样做总是好的。但要确保与你谈话的人是合适的听众。例如，你的朋友、合作伙伴或专业导师有时可能比你的直接上司更合适，或者在某种情况下，你的直接上司可能比你的朋友们更合适。

专注于你能控制的事情：无论这个行为看起来多么微不足道，但是在你的控制范围内能做一些事情总是好的，这将有助于你缓解压力。专注于你能控制的事情，就能掌控局面并引发积极的结果。通过采取行动，你会消除扮演受害者的风险。把注意力集中在所能控制的事情上，这意味着，你是在把精力用在积极的努力上，而不是将其浪费在因无法控制而变得毫无意义的事情上。

回顾过去的艰难经历：在过去，我们无一例外都经历过某种程度的创伤。回想那些事并提醒自己是如何生存下来的，如何渡过的难关。你过去是如何处理紧张状况的？你能将在过去的挑战中学到的东西，应用到现在的问题上吗？

照顾好自己：为了保持弹性，你需要在身体和精神上都照顾好自己。花点时间仔细思考你需要什么——有时候自私是可以的。睡眠、饮食和锻炼都会影响我们的弹性。

练习乐观和积极的自我对话：我们可以通过自言自语来影响自己的行为举止。例如，提醒自己多想生活中所有美好的事情，以及如何（并确实）能为自己和他人的生活做出更多积极的贡献。为了帮助自己提升情绪，你可以试一试下面的方法。

- 为他人多做好事。
- 学会欣赏周围的世界。
- 积极发展和巩固人际关系。
- 明确设定可以实现的目标。
- 选择接受自己包括缺点和其他一切。

姿势：你做事有信心吗？你周围的人会从你的肢体语言中得到暗示，如微笑或不微笑，都可以向你周围的人传递多种信息。如果你站姿挺拔，面带微笑，人们会被你吸引，并从你明显的自信中汲取力量。

现实的目标：你是否给自己设定了不切实际的目标？

你是否因为提供了不受别人重视的结果而增加了自己的压力，从而削弱了弹性？例如，你的顾客或客户可能得到一个简单的回答就会非常满意，但是你却花费了大量的时间和精力去做出全面而细致的回答。在接受者的眼里，它只是包含了很多"好听"但没有实质性的内容，这就意味着你的"过量提供"对他们来说没有什么价值。

在开始一项工作之前，你是否经常会衡量一下自己的老板、客户或顾客对工作成功的看法？

我缺乏弹性吗？

缺乏弹性的人通常具有以下几个特征。

把自己看成受害者：如果你把自己看成受害者的角色，那么就有可能产生无助感，这意味着你不太愿意采取积极的行动改善现状。弹性的关键特征是专注于自己能控制什么，并对自己的行为负责。

反应过度：你是否发现自己对许多小事都反应过度？解决这一问题最重要的是，要从全局的角度来看待事情，并保持这一视角。你对一件小事的反应就可以说明你在弹性方面出现了问题；如果你让一件小事给整个局面蒙上一层阴影，就可能表明你的弹性程度正在减弱。

持续悲观：只看到错误，如同说"杯子半空"的悲观心态会消耗人的精力一样，可能导致人们疲劳。例如，虽然你的演讲很出色，听众的反应也很积极，但是当你被问及进展如何时，你通常会说"我们的技术还有问题，演示最好推迟五分钟开始"。事实上，这样做可能是正确的，但不是重点。

寻找积极的一面：对于你周围的人来说，将一切建立在积极的基础上要比解决消极的问题容易得多，也会更有活力。具体来说，你作为一个领导者，重要的是记住，人们更想要感觉到他们正在朝着一个积极的结果前进。你的作用则是激励他们踏上征程去获得更好的结果。这意味着要专注于达到终点，而不是沉溺于消极的情绪中停滞不前。

将事件自我化：能够掌控局面是很好的，然而，如果你总是把失败的责任自我化，那么你可能忽略了一个事实，就是总有一些更广泛的因素影响使你无法控制结果。有时候你必须认识到无法控制的外部因素会产生的影响，你必须承认这个现实。

直接得出（消极）结论：一个人正在与可交付成果做斗争，你却断定他不具备成功所需的条件，而不是得出这样的结论：他们实际上可能非常优秀，只是没有得到适当的支持。

屈服于自我实现的预言：与上述情况相类似，如果我们只是设想了最坏的情况，但不去做处理最坏结果的打算，那么就有可能让消极的前景成为自我实现的预言。尽可能保持一种积极的心态吧。

重要提示和技巧

放下琐碎的事：如果你正处于一个充满挑战的环境中，不要让那些琐碎的事使自己超负荷。当你专注于能带来积极改变的大事时，应允许别人做出一些处理琐碎事情的决定。

避免比较：比较是令人厌恶的，因为人们永远不可能了解事情的全部。即使你对自己的处境了如指掌，也永远无法全面了解对方的情况。与他人做比较永远不应该是你的关注点。因为你总是会发现有比你更成功、更快乐、更富有、更受欢迎的人存在，所以做比较是没有意义的。

不要自找麻烦：避免追求完美主义。你的大多数利益相关者或客户都只是希望自己的需求能得到满足，而不是要求尽善尽美。在培训中，我们经常发现客户所承受的压力其实都是自己造成的——他们要么给自己定了超高的标准（通常是无法达到的），要么用一些不切实际的标准来衡量自己。

思考练习

你照顾好自己了吗？根据以下问题写一篇日志。

1. 你的睡眠时间。
2. 你吃些什么食物，什么时候吃，以怎样的方式吃——是四处奔走参加各种聚会，还是独自一人，或者是与别人相约一起用餐？

在日志中标识每个答案中最适合你的内容并与第三人共享该内容，与其达成协议——你将保持自己的好习惯，并做出任何必要的改变。

第 11 章　管理你的个人品牌

在日常生活中，从食品到汽车再到科技，品牌无处不在。在很多情况下，我们遇到的产品或服务的品牌价值会在内心引起反应。因此我们有了喜欢的、想避开的、被迫容忍的和对其保持中立意见的品牌。

为了发展个人事业，我们同样需要认识自己的品牌形象。例如，你想以什么方式出名？当别人通过你的社交媒体资料或博客与你面对面或在线互动时，你想引发他们什么样的感觉？

为什么要打造个人品牌

在当今竞争激烈的世界里，你可能想要从人群中脱颖而出，你可能想要通过自己的品牌形象来反映出你的创造力、解决问题的能力，或者你想成为某一行业或特定领域的专家。

最终，一个强大的品牌形象不仅会帮助你获得关注，而且会帮助你以正确的方法获得关注。如果你不考虑管理自己的品牌形象，或者轻视人们对它的看法，最终你可能会选择一个被"默认"的品牌，因此而被归类到一个会限制你个人或职业发展的职位。

如何发展你的品牌

在发展你的品牌形象时，重要的是要忠于自己的能力，创造一个真实的品牌形象。永远不要试图创造一个虚假的人物品牌形象，因为这将使你面临被揭穿并被视为骗子的风险，并且这很可能在以后的工作阶段引发压力和困惑。随着时间的推移，人们会逐渐了解你，如果你的品牌形象是假的，他们会开始不信任你。

打造品牌形象的第一步是自我意识。人需要与真实的人联系，而不是与角色联系。人们喜欢与真实的人交往，与和自己拥有一样价值观、希望和恐惧的人来往。

第一步：自我意识

回答下面的问题，能够建立你的品牌基础。

- 你的价值观是什么？
- 你的信仰是什么？
- 你代表什么？
- 你真正热爱什么？
- 你从哪里获得能量？

- 什么让你最满意?

- 你的个性特点是什么?

花时间仔细考虑以上问题的答案,因为它们将成为你品牌形象的基石。记住,人们都有弱点和欲求,没有必要拥有一个能让你变得无比完美的品牌形象。例如,你希望人们能够与你产生共鸣,理解你并被你的行为所激励。

第二步:讲述你的故事

利用第一步问题的答案,创造你的故事。

- 当别人在现实中遇见你或在网上遇到你时,你想向他们传达些什么?

- 你想以什么方式出名?

- 当别人与你面对面或在线交流时,你想让他们看到什么,感觉到什么?

你的故事的核心内容包含在第一步所写的答案中。在这一步中,我们只是把这些答案转化成一两段话来概括你。与此同时,还有一个"电梯游说"版本的故事——你可以用简短的几句话来表达你的观点,从而达到最佳效果。

第三步：谁是你的目标受众

花点时间找出你觉得对自己的故事感兴趣的个人或团体。

- 你想影响的人是谁？
- 为什么他们会对你提供的东西感兴趣？
- 你会带给你的目标受众什么以吸引他们的注意力？
- 你的哪些特质能让你的目标受众更有可能做出回应或积极地参与进来？

第四步：分享你的品牌形象

在你宣传想要的品牌形象之前，很有必要先试着获得一些反馈。虽然朋友和家人可以提供反馈，但值得信赖的导师或教练很可能给你更多有价值的反馈。如果可能的话，试着从不太了解你的人那里得到一些反馈。因为他们对你的了解不会影响他们的判断，而且会让你更好地理解陌生人对你的品牌形象的反应。一旦你根据收到的反馈改进了你的品牌形象，你就已经准备好要把自己豁出去了。放手去做吧！

第五步：提升你的品牌形象

既然你已经确定了自己的故事和目标受众，也就可以采取行动提升你的品牌形象了。首先要想出吸引目标受众的最佳方法。

例如，你可以选择同时或连续利用多条渠道。但本质上，你还是想要选择一种媒介，它使你能够从人群中脱颖而出，并吸引你的目标受众。

在线联络

- 建立一个网站并有效地优化它——这样可以极大地提升你的在线品牌形象。因为在搜索你或与你的品牌形象相关的主题时，你的网站将会出现。
- 撰写并更新博客。
- 上传 YouTube 视频、播客或采用其他吸引人的方式来传递你的信息。
- 在你的社交媒体账户上发布相关的和常规的内容。
- 保持更新领英资料。

传统媒体

- 为杂志或行业期刊撰写文章。
- 为报纸写文章。
- 在电台、电视台节目中担任小组成员或专业撰稿人。

现场活动

- 在会议上发言。
- 与主要利益相关者进行一对一的会谈。
- 加入行业组织或协会并为之做出更多贡献。
- 参与社交活动并积极发言。
- 提名别人或让别人提名自己以获得行业奖。

重要提示和技巧

档案的一致性：不要忘记你是多个档案的所有者——个人档案、领英档案、脸书档案，其他社交媒体档案，如博客撰稿人档案等。在你的品牌中保持一致性是至关重要的，所以任何时候都要让你的网络帖子和行动与你的品牌形象保持一致。记住，对你感兴趣的人通常会在与你联系之前，在各种社交媒体上搜索更多关于你的信息。

职业照：如果你正在打造一个严肃的企业高管的品牌形象，那么把你在醉酒之夜的照片放在个人主页上，就显然不是一个好主意。请使用可以加强你想要的品牌形象的照片。你值得为自己的档案去拍一张专业的照片，或者至少是使用专业的相机拍摄的照片，而不要使用自拍或者剪切的度假照片！

站稳脚跟：确保你的品牌形象与时俱进——我们生活在一个快节奏的世界里，如果你不能表现出自己能跟上时代变化的步伐，就有可能给人留下脱节、守旧的印象。

思考练习

1. 让朋友或同事用三个词来描述你，或者问一问，他们认为你的品牌形象是什么。

2. 你以什么特点出名？

3. 你想以什么方式出名？

4. 你的成长领域或想要开发的领域是什么？你可以在下次完善或编辑你的品牌形象时把它们囊括进去。

5. 你的品牌形象中有反映你对生活保持激情的因素吗？

6. 在教练或导师的指导下进行全方位的反馈练习。

以上练习的目的是找出别人能在你身上看到的，但你在自己身上却看不到的特征或特质。

第 12 章　开展有效的社交活动

社交活动可以增加你的朋友圈中与你有着同样积极的工作关系或社会关系的人的数量。具体地说，你希望在自己的人际网络中有人在遇到可能对你有用的信息时能想起你，或者在听到一个机会时能把你与那个机会联系起来。

记住，人际交往是双向的。当你将他人与可能对他们有益的信息联系起来时，你在人际网络中的价值就会得到提升。建立关系网通常是一个长期的过程，你要建立关系并促进联系。虽然你可能不是短期的受益者，但通过积极与他人交往，就增加了机会降临的可能性。

人际交往不是销售，而是建立彼此互惠互利的关系。如果你把它当作纯粹的销售活动，就有可能疏远别人，或者向别人传达一种虚伪的目的（即我只是为了从中得到什么）。

建立人际关系的第一个目标很简单，就是邀请那些你最感兴趣的人见面，先请他们喝杯咖啡，再进行后续的交流。

你为什么需要社交

你不清楚自己不知道什么！因为你只有一双眼睛和一对耳朵，所以，你能做的调研是有限的。你的人际网络为你提供了额外的"眼睛和耳朵"，当你不在的时候，它们会帮你采集信息和发现机会。

最重要的是，许多业务发展或职位提升的机会都是通过口碑来启动或传播的，特别是在职业机会方面。据估计，高级职位通过你的关系网出现的概率超过 50%。此外，很多机会从来没有被公开过，因为招聘经理认识的人就满足了这个需求，所以这种机会也从来没有登过广告。

人们倾向于采纳个人的推荐或建议。如果招聘人员觉得可以信任推荐信的来源，就会对被推荐的人也产生一种信任感。把机会想象成海里的鱼——如果你有一张小网，你捕到很多鱼的可能性很低，你更不可能捕到一条大鱼；如果你有一张大网，你捕到鱼的可能性就会大大增加，你捕大鱼的能力也会大大提高。

如何建立人际关系网

人际关系网有两种形式：内部关系网（如果你在一家大公司工作，这一点尤为重要）和外部关系网。

内部关系网

这是一个与那些现在或将来可能帮助你的人建立关系的过程。

从本质上说，你是在组织内部扩展自己的个人资料和影响范围。

建立内部关系网的最好方法是做如下几件事。

- 请一个导师。
- 向一个你通常不会与之合作的第三方，寻求一些关于你正在做的事情的建议。
- 自愿参与一些项目或计划，因为这将涉及与团队外部人员一起工作。
- 参加社会活动，加入俱乐部或社团（如果还没有俱乐部或社团，那就成立一个吧）。
- 与别人一起吃午餐或喝咖啡。
- 主动帮助他人。

外部关系网

这是一个建立公司外部关系的过程，是与那些现在或将来可能帮助你的人建立关系。从本质上说，你是在组织外部扩展自己的个人资料和影响范围。

建立外部关系网的最好方法是做如下几件事。

- 活跃起来，在领英上发表文章。
- 加入行业协会。

- 为行业刊物撰写一篇文章。

- 撰写一篇博客。

- 做慈善机构的志愿者。

- 加入行业智囊团。

- 参加会议，或者更好的是在会议上积极发言。

- 加入大学校友群。

在这两种类型的关系网中，你都要倾听，要看看如何牵线搭桥才能帮助他人建立人脉。也许这就像介绍别人认识、转发一篇你看到的文章或分享自己的经验一样简单。

人际关系问卷

当第三方问你是做什么的时候，无论是公司还是个人，都要权衡信息、价值和需求之间的平衡。请阅读下面的好答案和差答案，以及改进的解释和建议。

答案 A：我经营一家制造小部件的公司。我们目前做得很好，我们的新产品或服务非常受欢迎，有两位数的增长并计划在短期内向海外扩张。

评定：不是很好。因为这段话既没有提到你独特的价值，也没有说你需要什么，还会给人一种你很忙的印象，并有让自己过度劳累的风险。谈话结束后，第三方不知道如何才能帮上你的忙。

答案 B：我经营一家制造小部件的公司。我们的独特之处是，可以定制多种颜色的小部件。由于我们的新产品或服务很受欢迎，而且还在不断发展，所以我们目前做得很好。但我们希望使自己的客户群多样化，特别是对制药行业的潜在客户更具吸引力。

评定：很好。因为这段话既简洁地传达了你独特的价值，又概述了你需要的东西或需要接受帮助的地方。它给人的印象是，你做得很好，正在以一种可控的方式成长。谈话结束后，第三方可以从中知道如何才能帮上你的忙。

答案 C：我是一家生产小部件的企业的营销总监。我们现在做得很好。我们的新产品或服务很受欢迎，有两位数的增长，并计划在短期内向海外扩张。我对长期前景感到非常兴奋。

评定：不是很好。因为这段话既没有提到你独特的价值，也没有说你对未来所持的开放态度。它给人的印象是，你很忙，对目前的工作也很满意，可能对寻找其他机会不感兴趣。谈话结束后，第三方不知道如何才能帮上你的忙。

答案 D：我是一家生产小部件的企业的营销总监。我们目前做得很好。我的热情是开拓新的市场和发展在线营销策略。我们的新产品或服务非常受欢迎，可以清楚地看到产品增长与营销策略实施之间的联系。我确实享受这份工作，公司对我也很好，但我意识到不断学习的重要性，以及接受新挑战的必要性。

评定：很好。因为这段话既简洁地传达了你独特的价值主张，又概述了你喜欢的东西，还会给人留下这样的印象：你做得很好，对未来持开放的态度。谈话结束后，第三方知道你有可能考虑其他的机会。

除非你知道自己正在找工作的事实不可能传到现在的雇主那里，否则你永远不应该在社交场合明确地提到这件事。然而，如果你现在的工作单位知道你正在找工作，并且很支持你，那么提起这件事的风险就会相对小一些。

重要提示和技巧

清楚和完整地表达出来：当你与别人交往时，让他们知道可以如何帮助你。在很多情况下，由于你过于专注手头的工作，以至于忘记告诉他们你需要什么。这样做的后果是，那个人在与你结束谈话并离开时却不知道能如何帮助你，或者更糟的是，他会觉得你的负担过重，无法承担更多的业务。

积极倾听他人的需求：记住你见过的人的需求，思考你可以怎样帮助他们，以及他们将来怎样帮助你。

保持你的人际网络畅通：每六个月回顾一下你的社交网络，以确保它是最新的。如果你已经有 12 个月或更长时间没有与一个人交往了，那么你们的关系很可能处于休眠状态。

思考练习

列一张你认识的人的清单（或建立一个电子表格），这些人可能对你的职业生涯有所帮助。如果有的话，你也可以使用脸书或领英档案中的"朋友"或"联系人"列表。建立表格之后问一问自己如下问题。

1. 我最后一次与这个人接触是在什么时候？

2. 我能做些什么来帮助这个人？

3. 我有没有让这个人意识到我有什么新东西，或者他们能做些什么来帮助我？

注意：在日历上设定提醒，每六个月重复一次这样的练习。

如果下个月你有机会与关系网中的三四个朋友见面，你会选择谁？为什么？

是什么阻止了你安排一次见面，或者阻止你与这些人联系？现在真正挑战你自己，看看联系的障碍是真实存在的还是自我强加的？

第 13 章　领导力

领导究竟是一门艺术，还是一门科学？领导力一直是学术界和培训师们心中的一个课题——关于成为一名成功的领导者，是否有一套神奇的公式或规范的指导呢？哦，答案是没有。但在我看来，所有成功的领导者都有一些共同的特点。每个人都可以成为一名领导者，只要他能用心去做就可以，不用管具体的领导风格如何（事实上，一名成功的领导者在遇到不同的情景时，需要展示出不同的风格）。

是什么成就一个好领导

强大的领导者应具备如下的主要特征和行为。

- 愿景和使命感
- 诚信
- 真实
- 清晰

- 认可他人
- 培养和促进他人的领导能力
- 建立社群
- 自信心

愿景和使命感

关键属性：面向未来，知道自己代表什么或想要实现什么，拥有专注的动力、能量、激情和勇气去追求自己的目标。

人们愿意追随的人应该拥有成熟完善的好想法，尤其是基于成功的现实前景，并且与追随者的核心价值观相一致的想法。一个肯花时间去发现自己真实目标的领导者，最终会比一个仅仅拥有头衔的人更能鼓舞人心。因为你不需要头衔就能成为一名领导者。

诚信

关键属性：自我意识强，善于学习，心胸开阔，有同理心，有诚信，有道德。

强大的领导者会有很强的自我意识，情商高且为人正直，能够平衡处理各种情况。但是我们都知道"人无完人"，优秀的领导也会谨慎地向那些拥有其所没有的技能或能力的人寻求帮助。

越来越多的高素质人才希望与那些表现出高道德标准的领导者

共事。在诚信和道德领域，领导者的言行举止至关重要，必须能够"说到做到"。诚信和道德不是被动或需要隐蔽的特征，它们必须得到公开展示，尤其是在形势艰难或团队面临艰难抉择的时候。

真实

关键属性：信任和行为符合核心价值观。

你的真实性的一个关键点就是带领团队挑战，让他们离开自己的舒适区，或者激励他们去完成自认为不可能完成的事情。为了引导他们走出舒适区，在团队成员面临挑战时，领导者必须表示理解和同情他们。表达情感是成为一名真正的领导者的核心。只要确保你在这样做时能始终保持镇定就好，因为领导者的镇定能激发团队的自信。失败是学习过程中必不可少的一部分，作为一名领导者，你必须与团队一起设计合适的方法，以确保在安全的环境中尝试新的想法。你要善于预测变化，请扪心自问在过去的 24 个月里，你试行过多少项新计划？如果答案是"没有"或"少许"，那么你很可能在舒适区里停滞不前了。

清晰

关键属性：明确愿景、目标和期望。

作为一名领导者，你要对自己的目标或愿景表现出具有专注的动力、能量和激情。你必须确保自己的目标是清晰和优先的。因为成功的领导者总是把注意力集中在首要目标上，而不是让自己被次要目标或其他"好事"分心。如果没有实现关键的优先事项，次要目标的价值就会降低，所以对首要目标专注很重要。目标含糊不清会很快使团队偏离轨道，或者成为团队内部出现不满的根源。领导者在概述团队的成功目标时，必须非常精确和清晰，这些期望必须尽早并清晰地建立起来。

明确目标和期望是领导力的一个重要方面。更重要的是，要有客观的可衡量的目标，以及对团队成员行为规范的明确期望。当团队遇到危机或需要采取妥协的决策时，明确行为规范就变得至关重要。领导者负责创造的环境应该可以让团队把工作做到最好。

认可他人

关键属性：表现得重视他人，愿意倾听他人。

优秀的领导者要时常保持警醒，寻找机会认可团队成员的贡献。在这方面，领导者需要专注地倾听他们在说什么，从中寻找机会，以团队成员的想法为基础或直接将其纳入决策。此外，还要找寻可能阻碍团队成员努力的潜在的焦虑迹象。

通常，激励员工的主要动力是让他们做有价值的工作并产生一定的影响力，根据他们对团队的影响或贡献给予认可。一名好的领导者会建立自己的团队，这样每个人都有机会发挥最大能力，让团队的总成绩大于个体成员成绩的总和。

认可对于维护积极的行为和表现至关重要。注意并认识到团队成员的贡献和努力，这一行为本身就能起到很大的激励作用。即使看似无关紧要的奖励也能对团队士气产生非常积极的影响。对于表现不佳的团队成员，只要激发出他们成功的潜能，就可能带来预期的业绩变化。领导者必须抓住每次公开和私下的机会，以证明自己重视团队中每个人的贡献。

培养和促进他人的领导能力

关键属性：在团队中发现和培养人才，支持他们的个人目标，将某些方面的领导任务委派给他们。

一名强大的领导者会招募高素质的人员加入团队。事实上，可以说领导者对团队最重要的贡献就是选择和留住团队中的人才。这一挑战在于，高素质的人才总是想要自我发展，而且总是有他们想要实现的个人目标。记住，高绩效的人才总是有需求的。因此，作为领导者，让你的团队成为一个有吸引力的工作团队是很重要的。帮助团队成员实现他们的需求和更广泛的目标也是至关重要的。团队成员最有可能感激的是，他们将有机会在计划或项目的某些方面发挥领导作用。这种领导机会将为公众提供学习和成长的平台。从长远来看，这将为团队带来更多的回报。

好的领导者会创造出其他的领导者，而不只是追随者。因此，一名强有力的领导者会给团队成员提供机会，让他们在主动性工作或项目的某些方面发挥其领导作用。团队成员的领导能力将是公开可见的，如果他们的工作做得好，应给予他们适当的认可。不过记住，如果他们的工作做得不好，那么作为领导者的你需要对不好的工作负责。如果你给队员们参与领导的机会，也就是在冒险，因为你最终要对结果负责。毫无疑问，如果你为队员们的成功做好了规划（如保护措施或提前警告他们），团队成员就不太可能失败。他们最终会非常珍惜这次领导的机会。

成功的领导者在这种情况下也会寻找学习的机会，并开始利用学到的教训来推进自己的事业。他们将始终为自己持续的专业发展创造空间。

建立社群

关键属性：促进团队的归属感，使团队取得成功，并尽最大努力工作。

一个人的自我价值感，甚至是认同感都会受到其所在团队工作经历的强烈影响。人们有一种自然的本能或愿望，就是想要加入一个由志趣相投的人们组成的群体。这些人对未来有着相似的价值观、希望和恐惧。即使团队中的一些人从事远程工作或致力于非常独特的主动性工作，也很有必要让他们感到自己属于一个更大的集体，并确保他们不会感到被孤立。

让人们有归属感的关键，就是去征求团队成员的意见，并将他们的意见和想法纳入团队策略或协议中。领导者不仅要乐于接受新思想，而且要有足够的好奇心去接纳多元观点。

十有八九，团队成员希望参与并提出解决方案。他们会希望自己对最终解决方案的某些部分拥有所有权（或至少对其有影响力）。高绩效的团队不喜欢接受填鸭式的教育，而是喜欢接受能实现目标的挑战。

自信心

关键属性：不要害怕冒险和做出艰难的决定。

成功的领导者往往知道自己想要什么，为什么想要，并对如何实现自己的目标有一个粗略的计划。他们需要有信心与人分享自己的愿景和计划，并在适当的时候接受人们的反馈。虽然有一个粗略的计划很好，但重要的是作为领导者不要太死板——这也是许多领导者失败的原因。

强大的领导者总是会采取行动。你的能量和激情会在团队中传播。事实上，如果你不能公开表达自己对事业的坚定承诺，那么你周围的人就会对你失去信心。领导者是变革的推动者，他们不会只是简单地对环境做出反应，而是渴望掌控自己和团队的命运。

领导者需要适应可控的尝试或改变，这将推动组织朝着目标前进。这一变化可能只是使现有的流程重新焕发了活力，但这些许活力将使整个团队充满活力，并保持其进展，这在多年的计划中是至关重要的一环。一个大胆的愿景或目标是不容易被实现的，所以作为领导者，你必须表现出应有的信念和勇气，愿意为实现目标做出牺牲。当你优先考虑别人的时间和精力时，这些牺牲就会变得更明显。通过分享信念背后的勇气，你就表现出了自信。

很少有领导者能逃脱做出艰难决定或避免冒险的命运。因此重要的是，你要有信心和勇气在逆境中坚持自己的信念。团队成员将观察领导者，并从其信念和成功的决心中获得信心。因此，领导者能否及时表现出自己的信心是很重要的。

人并非天生抗拒改变。然而，如果人们的内在价值观、使命感或回报方式受到了真实或可感知的威胁，那么他们确实会抗拒。首先也是最重要的，领导者必须认同团队的核心价值观和动机，并利用与团队成员渴望推动变革相关的能量。领导者必须创造一种环境，允许团队成员以可控的方式承担可预期的风险。

作为领导者，我有所欠缺吗

你是否担心自己不具备上面列出的大部分或全部特征？不要惊慌！好消息是，你可能至少具备其中一些能力，然而，你必须展示出这些技能。

如果你觉得自己在领导能力方面很弱，如果你不确定自己是一名管理者，还是一名领导者，那么就用以下的解决办法。

- 你可以在团队中招募一些具备你所缺乏的特质和技能的人

员。在这种情况下，不但你可以向他们学习，他们也可以温和地提醒你需要采取的适当的相关行动。或者你可以"购买能力"。例如，如果你觉得设定愿景不是你的强项，就可以找一个顾问或培训师，他会与你以及团队一起设定愿景，并建立一个框架来跟踪进度。

- 你可以将责任委派给团队中的某个人，或者整个团队。在这种情况下，你仍然可以促进技能开发的环境，而不必成为其中焦点。例如，如果你认为创造力不是你的强项，那么可以确保自己为团队创造了头脑风暴的机会和创造性的空间。

- 你可以坦诚地向同伴、导师寻求帮助，让他们给你提供一些有助于克服能力不足的建议和技巧。这也是优化师徒关系的一个好方法。

重要提示和技巧

检查自己：你是由于被赋予了权力或权威而成为领导者，还是因为激励别人追随你而成为领导者？有一个快速测试方法，就是问自己这个问题："为什么有人想被我领导？"

分享荣誉：成功可以培养一些领导者的竞争能力（尤其在企业中），但重要的是，你要确保自己的团队能够获得应有的荣誉。

优秀的领导者知道自己拥有优势，但从长远来看，如果不依靠他人，他们还是无法成功的。一名真正自信的领导者乐于与团队成员和一路上提供帮助的其他人分享赞扬。

在招聘方面寻求多元化：雇用与你有同样想法的人，以及那些价值观与你的团队相一致，并被其驱动的人。不过，也要确保在你收到的简历中包括那些会带来不同观点的人。在所有高绩效团队中，多样性是必不可少的。

打破常规：有一个规范的流程和工作方式是很好的，因为这就为其他团队成员提供了关于预期内容的可预测性和明确性。然而，当事情过于可预测时，就有可能停滞不前，失去效率（如当人们对重复的任务感到厌烦时）。如果你正在从事一项长期的计划，那么打破常规可能并不是一件坏事。你可以通过交换团队成员的职责或职位，或者改变团队会议的进行方式来实现。例如，你可以引入这样一种场景：团队会议从第四次开始就不设议程了，大家只是简单地讨论自己的想法（包括非工作问题）。

采取措施：有人说："如果不采取措施，就不会发生变化。"作为一名领导者，你需要能够客观地说明目标的进展。你与团队和利益相关者需要非常清楚成功是什么样子，需要采取哪些措施。你需要采取硬措施和软措施，但这些措施必须对所有团队成员有效。

思考练习

进行全方位的调查，从员工、同事和利益相关者那里得到反馈。收到反馈后，与导师一起进行评估，制订一个发展计划，使你能够继续发挥自己的优势，并处理自己想做的任何改变。

第二部分
管理他人

第 14 章　如何管理分歧

企业中存在一定程度的分歧和摩擦是不可避免的，同时也是有益的。事实上，缺乏分歧表明团队要么在思考，要么内部没有足够的多元化思维，这也可能是独裁领导人存在的征兆。为了让业务正常运作和增长，团队内部及团队之间需要存在有建设性的分歧。

当你陈述论点时，最重要的是，要非常具体地说明你不同意什么，而不要在你的论点中夹带个人色彩。要确保你提出的是一个可供参考的备选方案，而不只是批评意见，并试着找到一种客观的方式来呈现这个备选方案。当你表现出理解别人的观点时，不仅要表明"我理解你们的观点"，还要表明你已经考虑了他们的观点，包括他们是否比你更有权威性，或者对正在讨论的话题更有代入感。然后，在列出你不同意的地方之前，要明确他们的观点中有哪些是你可以借鉴的。例如，是否有机会以"是的，而且……"这样的句子开头？积极的意图将帮助人们理解你是在努力向他们提供支持和建设性意见，并愿意与他人合作，同时也会给你带来一个新的视角。

通常，分歧来自以下几个方面。

- 对于企业的主要成功因素或优先事项，尚没有达成共识。
- 对于有限资源的利用，通常在关于预算或资源分配的讨论中会很明显。
- 个体对可能的风险的容忍度或感知度。
- 当风险发生时，风险对个人或企业的影响。
- 存在目标相互排斥的个体或团体。

分歧的内容和方式

任何分歧都有其内容和方式。

内容

分歧内容包括如何理解他人观点的结果或目的，以及你不赞成的方面。这里有一些指导方针可以帮助你巩固自己的立场。

- 你为什么会持反对意见？简明扼要地解释一下，不要超过四个理由。如果你有一长串的理由，人们不仅会认为你的论据站不住脚，而且认为你是在"打破砂锅问到底"，在故意找麻烦。

- 你是否完全理解别人的观点?

  — 是否有任何潜在的焦虑、希望或恐惧会影响他人的观点?

  — 设身处地为他们想一想,试着为他们的立场辩护。

  — 你的观点背后隐藏着什么样的焦虑、希望或恐惧?

  — 最终这是你的决定、他们的决定,还是比你们更重要的人物的决定?

- 你或企业是否创建了一个客观的评估矩阵来评估所有备选方案?

如果你不同意的原因是主观的或情绪化的,那么不要隐藏它——让别人知道你是在根据自己的感觉行事,这样做并没有不妥。然而,永远不要把你的主观观点作为事实或客观依据。

方式

当你不同意别人的观点时,重要的是问一问自己:"我要让他们有什么样的感觉呢?"讨论的目的是为业务取得积极的成果,方式则指的是如何表达你的观点。

- 与第三方一起检查你的推理和论据。

- 为你的观点寻求支持。如果某个人与你有分歧,却尊重另一个人的意见,那么找到后者,看看他是否能帮助你对其施加影响。

- 判断在宏观层面上对成功的定义是否一致。例如，你是否已经同意主要目标，而仅仅是在如何实现目标上有分歧？

- 选择一个表明分歧的好时机。如果可能的话，避免出现明显的或公开的分歧，这样人们就不会因此感到尴尬。

- 不要攻击他人或其观点。如果可以的话，请站在对方的立场考虑问题，真正理解对方的观点。在适当的时候，你还可以感谢对方积极主动地谈论自己的观点并提出方案。

- 问一问别人是否想听听你的意见。把你的提案作为一种意见（因为意见无关对错），集中展示你的观点或提案的积极一面，以此引出一个成熟的参考方案。

- 你自己的提案中可以囊括他们的不同视角吗？不同的提案可以互补吗？只有保持开放的心态，才能看到不同视角的优点。

- 承认现实。最终，通常会有一个比你高明的人拥有决定权（也许这个人就是你不支持的那个人）。因此，在大多数情况下，承认这一事实并明确表示无论最终的决定如何，你都会支持他，这才是最合适的做法。

保持冷静，不要把谈话变得情绪化。最后，任何分歧都应该被引导向理性的商业讨论。避免使用可能被认为是批评他人的评判性语言。

重要提示和技巧

待人和气：据说大多数人会忘记你说的话，大部分人会忘记你做的事，但是没有人会忘记你给他们的感觉。重要的是，如果你不同意某人的观点，提出分歧的方式最好不要损害他的自我价值或尊严。

以解决方案为导向：在提出分歧的时候，别忘了在谈话中提出解决方案或妥协方式。有些人虽然带来了挑战，但没有在讨论中提出解决方案。如果你只带来了挑战，就有被认为是阻碍者的风险。一定要把注意力集中在最终目标上，并提出可能有助于解决核心问题的建议。

思考练习

想一想你上次与同事发生重大分歧的时候，是与谁发生了分歧？分歧的内容是什么？这个分歧是如何解决的？为了得到一个不同的或更好的结果，现在的你会有什么不同的做法吗？

第 15 章　应付难缠的老板或同事

在职业环境中，我们会时常遇到一些难以应付的人，而你也无法控制别人对你的看法。虽然无法控制别人的行为，但你可以采取一些行动来解决困难的局面，并巧妙地处理人际关系。

尽量不要往心里去

如果某个人的行为对你有负面影响，那么试着不要往心里去。很可能这个人早在遇见你之前就养成这种习惯，因此，他也会对一些与你无关的事情做出同样的反应。有很多因素可以解释为什么有些人在职业场合表现消极。因为他们的行为可能是预先存在的，他们可能没有意识到自己给别人的印象如何，或者只是没有考虑到自己对同事的影响。虽然这些因素都不应被用作借口，但在你将其记恨于心之前，很有必要首先了解一下他们。

界定分歧行为

什么样的具体行为会引起你的关注？有不止一种模式吗？这种行为或模式对你有什么影响吗？当你界定这种行为时，一定要在总结内容中包括语气、语境、文化以及语言。说话或做事的语气与语境可能非常相关，一定要把它们看作一个整体，而不仅仅是孤立的言语或行为。观察一个人在其他环境中是否使用了这种行为或语言，也是很好的学习经验。

接下来要谈及"文化"。有些行为在某些文化中被认为是完全正常的，而在其他文化中是不被容忍的。问一问自己，这个人是否在依照他们的文化行事，或者你是否在用自己的文化视角来解读这种情况。虽然某件事在某种特定文化中是被允许的，并不一定意味着它就是适当的行为。这也许可以解释为什么有些人会坚持有问题的行为方式。

注意因果关系

这个人是否一直以这种方式行事，或者是否有某种触发因素（如截止日期、个人压力等）导致其改变了自己的行为？人们根据情况而做出不同的行为是很正常的。例如，当一个人冷静下来觉得可以控制自己的处境时，他会表现得非常得体。然而，如果由于某种原因使他们感到有压力，紧张或焦虑，他们的行为可能改变，从而变得"困难"。同时也要注意社会环境。例如，如果有人一直在喝酒，社会环境能够解释这种不寻常的行为吗？

不要以毒攻毒

保持冷静，不要借鉴或模仿别人不受欢迎的行为，要保持你的风度和专业性。如果需要把自己从这种情况中解脱出来，那么可能的话，给自己找个借口，找个地方反思并且整理一下自己的思绪。

寻找平衡

没有人是完美的。我们每个人都有一些习惯或特质会与他人产生一些不和谐的摩擦。有意识地观察某个人更有吸引力的行为特征，这样做是值得的。如果可以的话，甚至鼓励拥有这些特质也是合适的——正向强化可以是一个强大的人际工具。简而言之，重要的是观察这个人的整体，而不是只关注其中一个微小的特点或问题。

让每个人都心领神会

大多数人都知道自己每天的言谈举止，但并不是每个人都能意识到自己的行为会对他人产生影响。有些让人觉得好笑，有些让人觉得无礼，你应该试着告诉当事人这种行为对你产生的影响。选择合适的时间和地点进行讨论，重要的是这个人是否能够接受反馈。不要攻击对方的行为，因为这会让对方产生防御心理；只要让他知道他的行为是如何影响你的，让他来决定下一步应该做什么。

例如，某个人在办公室里骂人或讲不合适的笑话，在很多情况下这会被认为是不好的或无礼的行为。如果你走近他并说："我觉得你骂人很无礼，我希望你能闭嘴。"那么，你是在批评他的行为，可能引发其防御性的负面反应。但是，如果你说："当你骂人的时候，我感到不舒服。你知道你听起来有多咄咄逼人吗？"就可能得到更合理的回答。当对方意识到他对你产生的影响并被要求改正时，你不是在批评他的行为，而只是在提醒他注意说话方式。

及早行动

许多人都倾向于忍受某种情况，而不是去解决它——要么是因为感到尴尬，要么是因为不知道该怎样做。通常情况下，导致严重问题的往往是长期积累的小问题，而不是一个大事件。因此，如果你对某人的行为感到不舒服，最好立即采取行动，即使他还没有越界也无妨。如果讨论一开篇就是"两个月前……"，那对这人来说，要立即做出改变是非常困难的。如果这种行为之前发生过，而你当时没有采取任何行动，那么你的沉默就可能被对方视为默许。因此，应尽早采取行动，而不是让问题累积。

划定底线

最终，如果某种行为仍然是个问题，你将不得不对其做出决定。当你意识到可能要做决定时，请确保将该问题记录下来，并使用这些信息来确定何时才需要正式提出问题。如果你已经采取了行动来处理这些行为，但没有看到任何变化，那么可能是时候让人力资源部或合适的第三方参与进来了。如果你觉得情况不会改变，重要的是不要让自己成为他人行为的受害者，那么你需要给相关部门留出时间来尝试解决这一问题。如果最后一步仍不管用——如果这个组织准备好容忍这种消极行为——那么，也许值得考虑一下你是否真的想要加入该组织。

尽职调查

如果你准备提出一个问题，做好尽职调查是很重要的。这样，你在接近问题人物或第三方之前，就有了一个令人信服、条理清晰的观点。问一问自己如下问题。

- 是否有流行的文化规范或普遍接受的习俗和实践——也就是说，你所目睹的行为是孤立于某个个体，还是在集团或公司中普遍存在？
- 你所做的事情是否表明你赞同或至少接受他人的行为？

- 你是否树立了适当的行为榜样？

- 你所看到的行为是零星的，还是一致的？是否有潜在的焦虑或压力可能导致这种困难的行为？

- 你讲道理吗，大多数人会觉得这种行为很困难吗？你会特别讨厌这种行为吗？

- 你有没有检查过自己的思维是否存在无意识的偏见，而这些偏见可能影响了你的判断？

重要提示和技巧

参谋：在对你个人有影响的情况下，建议找一个值得信赖的知己作为你的参谋（这个人应该能够提供一个客观的视角。如果是一个工作范围之外的人，试着选择一个了解你所在行业文化规范的人。选择同事或同行时要更加小心，他们可能受到公司政策的限制，或者不得不与难相处的人一起工作。因此可能无法客观或者会不拘礼节）。他可能帮助你发现一些以前从未注意过的情况。鼓励这个人挑战你对这种行为的看法，并验证你的反应是否合理。

感受：感受没有对错之分，它只是遭遇积极或消极刺激的结果。当你处理棘手的行为时，总是有必要根据自己的感受来解释情况。这样做的目的是让此人意识到他对你产生的影响。

思考练习

想一想，最近有没有人激怒了你或惊吓到你？发生了什么让你刻骨铭心的事？你是怎样处理的？

1. 你是忽略它，还是处理了这种行为？
2. 你是检查了自己的反应和潜在的偏见，还是本能地对其做出了反应？
3. 考虑一下上面的提示，如果重来一次的话，你是否会以不同的方式处理？

第 16 章　领导团队

作为一名团队的领导者，你的主要职责是使团队整体的影响超越每个成员影响的总和。领导者是创造激励型环境的核心——团队成员是否能从彼此，以及团队参与中获得能量和灵感呢？

如何成为高效率的团队领导

团队中的个体会指望领导者提供许多东西，但是重复出现的主题往往集中在以下方面：成功的领导者应该活出真我，具有重要意义或目标感，保持激情并能够激发员工的激情，使团队中可以产生一种社区感、归属感和信任感。最后，作为领导者，你的角色的作用是激励个体为了组织和团队的利益而做出额外的自主努力。

作为一名团队的领导者，你必须问自己以下几个问题。

- 大家都清楚团队的目标吗？

- 每个人都清楚自己和对方的期望是什么吗？

- 我是否创造了一种环境，使团队中的个体或整个集体都能尽其最大努力去工作？

虽然这些问题看起来很简单，但是团队受挫的根本原因往往是对成功的定义不够清晰。最终，这可能是团队成败的关键因素。因此，领导者非常有必要提升这种明确性并不断加强集体优先级。这在扁平结构的组织中可能更为重要。因为在这种文化中，传统的、阶梯形的职业发展可能较慢，这意味着个人需要从传统晋升以外的渠道寻找其意义、成就感或认同感，包括感觉自己是团队中有价值的一部分。

- 团队中的每个人都觉得自己应该对团队的集体成功或失败负责吗？

- 团队中是否有成员对另一个团队更有亲近感？

有些团队的形成仅仅是因为每个人都向同一个老板汇报工作，而不是为了一个共同的目标聚集在一起。因此，个体可能对公司内的另一个群体更有亲近感。这未必是件坏事，但确实需要理解。团队的领导者在管理员工时需要考虑到这一点。

- 团队达到平衡了吗？你在团队中是否拥有多样化的技能和经验？

- 解决冲突的工作动力是什么？

- 团队对利益相关者需求的了解程度如何，这些需求是否与团队的成功因素不同？

- 当个体离开或加入团队时，你如何确保团队仍然保持高绩效？（更多相关信息，请参见第30章"继任计划"）

你有正确的团队文化吗

重要的是为团队建立文化，并确保随着时间的推移，团队文化也能随着团队组成的变化而得以保持。

- 你是否容忍人们挑战你和团队中的其他人？

- 队员是否愿意将坏消息带给团队？如果存在相互推诿的文化氛围，人们很可能避免提出坏消息，这会阻碍团队及时有效地处理问题。

- 你是否提供了适当的认可？这一点至关重要。成功的领导者懂得利用给予团队成员适当认可的激励力量。一句简单的"感谢"或表达感激之情就能让人充满活力，一名强有力的领导者会定期在公开和私人场合给予其团队成员认可。

- 你有没有留出足够的时间来进行创新和培养创造性思维？
  你是否正在培养和酝酿创意？

用强硬的态度来进行交谈

有时你不得不与团队成员进行艰难的对话。从下面的方法中获得灵感吧！

强大且有好奇心：人们倾向于选择一名基于事实并有说服力的领导者，而不是一名试图取悦所有人的领导者。从试图全面了解问题背后的原因开始，即，可能影响当事人的潜在焦虑、恐惧或问题是什么？

倾听：在艰难的谈话中，多倾听总比多说话要好。有时候仅仅是用开放的心态倾听就能传达对他人的尊重，他们会觉得自己的意见得到了重视，从而有机会表达自己的观点。

直接：快速切入主题，清晰地表达出你希望的谈话结果是什么。不要给信息裹上糖衣，要承认这个问题并解释你的观点。

果断成事：尽早解决冲突会更好。人们可能不喜欢消极的反馈，但从长远来看，他们会尊重这种反馈，你也会有勇气表达不一样的观点。

关注积极的结果：专注于取得一个成功的结论，而不要在谈话前沉湎于忧虑。大多数人都希望达成共识，因此重要的是把大局放在心上，并寻找可以为取得成功而达成共识的领域。

授权

优质授权的关键是要非常清楚地表明你希望如何，以及什么时候参与决策过程。你必须首先认识到自己想要或需要多少控制权。如果你认为自己需要参与决策的方方面面，那么可能表明你对团队缺乏信任。也就是说，当涉及授权时，你必须非常清楚自己的期望、想要参与的程度，以及随着时间的推移，你希望与人沟通的时间和方式。

通常有五个级别的授权。如表 16.1 所示。

表 16.1 授权级别

级别	描述	经理参与度
1	你授权个人做研究，但你保留提出建议的责任和所有决策的权力	100%
2	你授权个人做研究和提出建议，但你保留批准和决策的权力	85%
3	你授权个人做研究并做出决定，但在没有得到你事先批准的情况下，不能根据决定采取行动	70%
4	你授权个人做研究，在没有你事先批准的情况下做出和执行决定，但在采取行动时要通知你	10%
5	你授权个人做研究，做出决定和执行决策，而不需要你事先的批准或参与任何方面的过程	0

重要提示和技巧

情境：领导力是与情境有关的，所以要确保你在不同的情境中使用了不同的方法。团队可以而且应该具有适应各种情境的领导能力。因此，可以将领导特定事件或业务方面的责任交给团队中的其他人。

保持一致性和可预测性：一名领导者的言行必须一致。一名反复无常或前后矛盾的领导只会造成模棱两可的局面，这可能导致员工离开团队。

刷新：确保你为团队的团结安排了工作之外的时间。所有的团队都需要盘点和评估自己的工作方式，防止团队随波逐流是很重要的。作为领导者，你需要正式完成任务、确认成就，分清轻重缓急。

纪律：很有必要每月以会议的方式审查工作进度和绩效指标。这些会议不应该是随意的，而应是一次深入的绩效分析，看看你是否在从战略的角度对其进行跟踪。这些会议提供了早期预警信号，表明你正在步入正轨或偏离轨道。因此，你必须努力确保员工的话绝不是为了讨好你的耳朵。

思考练习

回顾你最近一天、一周或一个月的工作活动——你可以检查电子邮件、任务清单等，以帮助自己提取记忆。

1. 这些任务中有多少被授权？

2. 有多少任务可以授权，但是没有被授权？

3. 有多少人被你授权了，但是或许不应该被授权？

第17章 支持团队平衡工作与生活

　　表现出色的公司能够认识到，他们长期持续的成功要归功于员工的努力。决定你的员工是否有能力保持高绩效的一个关键，是他们能否保持合理的工作与生活的平衡。恰当地平衡员工的工作和生活应该是公司人力资源战略的一个关键要素。因为实现健康的工作与生活的平衡是吸引人才、激励和授权员工的关键（即确保你的员工想要并且能够长期做到最好）。

　　工作和生活都可能带来混乱和看似矛盾的优先顺序问题。因此，每个人都必须具备必要的资金来处理自己生活中的平衡问题。而作为一名管理者和领导者，你完全有能力支持这一点。

是什么让工作和生活达到平衡

　　工作和生活的平衡与人们的行为、观念和习惯有关。作为一名领导者，这里有一些行动可以帮助你支持他人去平衡生活与工作。

- 谈一谈是什么促成大家工作与生活的良好平衡，并定期检查他们的工作情况。

- 明确公司对员工的期望，尽量减少其中的歧义。这里包括为远程工作、核心工时、技术使用等制定明确的政策，并确保这些政策得到一致地执行。许多公司都有明确的政策，但由于允许"经理自行决定"而在无意中造成执行时的前后矛盾，如有些职位本身并不适合灵活的工作方式。大多数员工都能理解这种情况产生的原因，重要的是，要明确政策的例外条款。

- 如果可能的话，允许员工掌握自己的时间表。

- 要认识到个人时间表上需求的高峰和低谷。

- "一致性"至关重要——当你试图向员工提供弹性管理时，对于这种弹性不可能不设限，因为这可能给团队中的其他人带来问题。

在一个团队中处理工作和生活平衡的挑战在于个体的情况各不相同。把它看作一种需要不断优化和重新评估的状态，这对于管理者来说是有帮助的。例如，有人会为了实现某种个人目标而牺牲休息时间，这种管理和优化时间的方式是可行的，因为这是个人的选择。所以，解决方案不一定是消除挑战，而是让员工尽可能地控制自己的工作。

积极的工作和生活平衡的最大特点就是要有控制感。大多数人因为接受了具有挑战性的工作而充满活力，所以如果允许他们掌握一切，就更可能使他们对工作和生活的平衡感到满意。

工作和生活平衡的最大威胁是不一致、歧义和缺乏来自团队或家庭成员的支持。当我们计划自己的时间表时，都需要一致性的元素。对于几个星期或几个月内的变化应该是可以预测的，尤其是那些与我们的身心健康有关的方面。充足的睡眠、锻炼和"私人专属时间"都必须毫无争议地被列入日程。作为一名领导者，你需要给团队足够的空间来实现这一点。

保证清晰度，以减少歧义

对于很多人来说，不理解领导对他们的期望可能是工作压力的来源。因此，非常清晰地设定对团队的期望，将有助于他们施行计划。目标一开始就不够清晰，将不可避免地导致失望的结果，并需要团队在最后一刻匆忙完成任务，这将影响工作与生活的平衡。因此，当你开始做一件新的事情时，要从目标就开始确保你和其他利益相关者在预期和结果的细节上保持了一致。如果工作本身没有明确的规划和及时的沟通，那么制定清晰的政策和高度的弹性也是没有用处的，持续的"救火模式"只会让员工疲于奔命。

一致性是关键

正如上面所说的一致性很重要，原因有很多。比如，确保员工不会觉得有些管理者不公平。又如，确保个人的时间安排不会影响他人的工作。处理弹性和一致性之间平衡的一种方法是，设置员工可以灵活应对的参数。例如，你完全有理由规定所有的内部会面都在上午 10 点至下午 4 点举行。

大多数人在加入一家公司时都会明白，他们可能不得不做出一些妥协或调整，以适应公司文化和工作安排。对于任何人来说，期望完全控制自己的工作负荷都是不寻常的，关键是要对他们清楚地传达业务要求是什么，以便他们能够理解哪里可能有弹性空间，哪里没有。

领导者的工作和生活之间的平衡如何影响员工

管理者或领导者的工作和生活之间也要保持合理的平衡，这是正常的状态，要学会在不知不觉中对团队成员的工作和生活平衡状态产生影响。例如，如果一名管理者在晚上等待孩子参加课外活动时发工作邮件（表面上看似无害），这种不假思索的行为可能会让他的团队觉得，他们也应该在工作时间之外处理邮件。

因此，管理者或领导者应该认识到，你的行为将为组织或团队定下工作和生活的基调。许多团队成员会有意识或无意识地觉得，他们必须模仿管理者或领导者的行为（如在办公室待上几个小时，下班后还发送电子邮件）。许多管理者会非常积极地谈论保持工作与生活平衡的重要性，随后却把大量时间花在办公室或远程工作上。在这种情况下，行动胜于言语。因此，领导者应该休假，偶尔提早下班，抽出时间去看医生，履行家庭或个人义务，如参与志愿服务或参加家长会。这些行动将向团队成员证明，你可以接受并鼓励他们管理自己的工作和生活的平衡。

重要提示和技巧

不只是时间问题：要知道保持工作和生活的平衡并不总是时间问题。有时人们会控制自己的时间，但仍然会发现工作影响了生活。例如，不能在工作之外适当地放松，因为脑子里总是在想与工作有关的问题。

做好榜样，以身作则：你所说的关于工作和生活平衡的影响会因你的行为而增强或减弱。作为一名领导者，你要树立一个良好的工作和生活平衡的榜样，这一点是非常重要的。这可能意味着你每周要有一两个晚上故意提前离开办公室。

思考练习

评估你自己在工作和生活平衡方面对你的团队成员产生的影响，不论他们是直接下属还是同事。

1. 你是远程工作，还是有弹性地工作？当你不在场时，团队成员会做什么？流程是否清晰？

2. 你是否曾在下班后或清晨发送电子邮件？

3. 你经常第一个到办公室，最后一个离开吗？

4. 你休年假吗？他们知道你什么时候休假吗？

5. 当你需要的时候，你会及时去看医生吗？员工知道你什么时候必须去看病吗？

6. 当你生病时，你会请病假吗？或者，即使你头痛、咳嗽、打喷嚏，你也会来上班吗？

7. 你度假时还工作吗？

第 18 章　绩效讨论（作为管理者）

高质量的绩效讨论目的是对个人的工作给予适当的认可，以激励他们继续做好工作，并帮助他们学习和发展。作为一名管理者或领导者，在组织中培养人才是你的责任，而绩效讨论、评估、考核，或一对一的讨论应该被看作是培养人才的过程，而不是简单的绩效进度考核。

研究表明，重要的不只是拥有高绩效员工，而是确保你在最重要的战略举措上使用了高绩效人才，因为这些战略举措将为公司带来长期利益。

在绩效讨论中给出积极的结果

当你与直接下属开会进行绩效讨论或考核时，你会希望讨论能有积极的结果。这些结果包括如下几方面。

- 他们觉得自己的贡献得到了适当的认可。
- 就个人对自身发展的想法而言，他们觉得自己被重视了。

- 他们对自己的未来以及团队或公司的未来会感到乐观而且兴奋。
- 他们理解反馈的意义，以及反馈在他们的发展和角色背景下与自己的相关性。
- 他们清楚地了解自己的待开发领域，对行动不仅有主人翁意识，而且有动力来满足这些开发需求。
- 他们觉得在制订发展计划时得到了老板的支持。

为了实现上述结果，反馈内容必须非常清晰、高度相关并有客观数据的支持。良好的反馈关注未来，它将鼓励个人继续成长和发展。

会面结束后，要留意对方是否对反馈内容做出了回应。如果你注意到对方在方法或行为上有了积极变化，一定要迅速认识到这些变化的意义并给予鼓励。

与业绩出色的人讨论绩效

除了上面列出的结果之外，你还需要在考核中添加更多的维度。如果你有一名业绩出色的员工，你必须清楚，公司内外的竞争对手都会注意到他，他们可能会与你抢这个人才。

因此，绩效讨论也是"重新招募"人才的一个机会。你几乎可以把他想象成你要从另一家公司挖走的人才。与他谈一谈，你能做些什么来帮助他实现工作目标和发展事业。

你很有必要这样问一下自己。

- 我是否从公司长远发展的角度，充分利用了这个优秀的人才？
- 他是否处于业务的关键职位？如果不是，你可能需要把他提升到更重要的职位上。

与业绩不佳的人讨论绩效

记住，你的公司雇用这个人是为了让他展示自己的技能。所以在某种程度上，你要对现在他绩效不佳的情况负责。讨论的内容不应该让他感到惊讶，因为当你看到他好的或不合格的表现时，应该及时给出反馈。讨论的目的是确定一个对公司和个人都有利的结果，这个结果也可能意味着他会离开公司。你很有必要准备好与业绩表现不佳的员工进行讨论，并在讨论之前一定要问自己以下问题。

- 具体来说，要想在这个职位上取得成功，他所缺乏的是什么？这个问题的答案是客观的，还是主观的？你有来自第三方的反馈支持自己的观点吗？
- 这个人是否是有天赋，却从事了错误的工作？

- 业绩下滑是暂时的，还是长期的？他是否暂时被非工作因素（如亲戚生病、人际关系问题或经济压力）干扰而分心？
- 如果他从你或公司其他人那里得到更多的支持，他会更成功吗？

你有机会帮助他明智而有建设性地利用这次机会。正因如此，在开会时你需要坚持以下几点。

实事求是：将谈话重点放在可控、可交付的成果上。记住每个人都有尊严，不要让谈话成为人身攻击。如果某个人因不可控事件而没能完成任务，那么反馈内容可以集中在这个人对该事件的反应上，以及是否有合理的理由来期待他会有一个可行的应急措施。

达到平衡：每个人都有自己的优势——认可这些优势，但不要本末倒置。"糖衣包裹的信息"可能会让一个人感到困惑，或者更糟的是，他可能无法理解你想表达的要点。因此，你要将反馈内容分为两个方面：一方面是给出积极的反馈，另一方面是处理不太积极的反馈。

明确下一步计划：制订一个计划，并使其尽可能客观，要有清晰的可交付成果和时间表，要明确不满足计划要求的后果是什么。

虚己以听：你需要给每个人表达自己的机会。以开放的心态倾听，你会更好地理解如何才能帮助员工解决问题。这样也会帮助你理解员工的观点，会学到一些改变你下一步做事方式的东西。

写下你的反馈：有时候，雇主往往不会在清晰的谈话之后以书面形式总结讨论的要点。所有要点都必须记录下来，并及时发给员工。在会面时口头陈述的观点不能作为日后员工与公司发生争执时的依据。在任何正式的解决争端的过程中，只有书面反馈可以采信，除非你录制了对话。然而，在录制对话之前，你必须征得员工的同意，包括你打算如何使用这段对话。

给予反馈：绩效考核会面的内容永远不应该是完全出人意料的。所以，你很有必要检查一下在过去的几周或几个月里，自己是否一直在向对方提供反馈（无论是积极的还是格式化的，无论是书面的还是非正式的）。低绩效的情况下，仅做口头反馈往往是无效的。在给予处罚时更是应该避免使用口头反馈。同时别忘了，优秀的员工需要得到及时认可，这是激励他们的动力。

你很清楚自己想在会上传达什么信息吗？对于一名高绩效的员工，请确保不要给予过度承诺，或者给人留下这样的印象，即你可以在自己的影响范围之外实现未知的利益。对于一名低绩效的员工，很有必要做到信息平衡，但要检查其反馈内容以确保核心信息已被他正确理解。"糖衣包裹的信息"可能导致这个人对相关要点的误解。

重要提示和技巧

友好而思路清晰：对于表现不佳的人，你希望他可以记住——谈话是他个人发展的关键部分。无论如何，这都不应被视为人身攻击或侵犯了他的尊严或自我价值。好的结果是，他既明白自己必须做什么，也明白不满足要求的后果，以及知道如果他愿意帮助自己，你也愿意帮助他。

思考练习

与同事或同行模拟绩效考核讨论，并从他那里得到关于你正在使用的语言内容的反馈。具体来说，就是让你的同事检查你的信息是否清晰，以及你的谈论方法是否平衡。没有人是完美的，因此必须与其讨论发展的问题，他必须表现出一些积极的品质，你也必须认识到这一点。

或者，你也可以通过练习来进行一次真正的绩效考核讨论，但要确保与你一起练习的人是合适的人。对方既不应该是认识这个人的同事，也不应该是其他必须继续与他合作的同事。

第 19 章　影响力

作为一名领导者，你的工作效率在很大程度上取决于你的影响力，以及影响他人支持你的愿景或支持你实现目标的能力。

本章的重点是帮助你在准备与管理层或主要客户的重要会面时，以两种形式调整自己的思路。

- 在与高级主管或主要客户的会面中获得正确的结果。
- 你不是专家的时候也能产生必要的影响。

与高级主管或主要客户会面

关键是在与其约定或会面之前，你要做好相关准备和基础工作。

会面之前

在与你想要给其留下深刻印象的人交往之前，你需要回答下面的问题，以做好必要的准备。

- 无论是对你，还是对你试图影响的管理层或客户来说，为什么你的主题很重要？你必须在 90 秒内用通俗易懂的语言向第三方解释主题的重要性，如果解释得不清楚或者需要的时间更长，那么你需要提炼信息。

- 你想要达成的结果是什么？在讨论中你不仅要具体说明成功是什么样子的，而且要说明你希望得到什么样的结果。把你的答案表达为明确的行动或一致的决定。有没有什么结果是你想不惜一切代价来避免的？你应该能够总结自己的答案，并使其不超过四个重点。如果你发现自己有一长串想要的结果，那么需要确定其优先顺序。

- 你想给人留下什么印象，是主题专家①还是领导者？主题专家喜欢谈论细节；领导者更倾向于谈论要点，并专注于讨论的目的。

- 你的风格是什么？会面的形式是什么，是主题陈述还是讨论？我认为，参与讨论是答案，而陈述往往是单向的、一次性的传播。参与讨论意味着对话，它可以随着时间的推移而持续，往往具有更大和更长期的影响。

---

① 指精通某一领域或主题的专家。——译者注

- 谁是有影响的人？管理层和主要客户更看重谁的意见？他们都听谁的？你能提前找人介绍一下这位有影响力的人吗？这一点至关重要，有时候，如果你能让管理者或主要客户信任的人支持你的观点，就已经克服了一半以上的困难。你可以在会面或商业会晤之前，花时间和精力找出这个具有影响力的人，并与他交流。事实上，如果你做得很好，就会发现在会面开始之前，自己已经取得了好的会面成果。

- 谁是决策者？为什么他们是决策者？他们看重的是什么？他们给决策提供了什么专业知识？因此，识别利益相关者很重要。及时了解他们是支持你的观点、保持中立，还是诋毁你的观点，这也很重要。

- 识别环境和语言：在公司的其他地方发生了什么，这会分散管理层或主要客户对你的信息的注意力吗？这样对你有好处吗？他们喜欢的风格和语言是什么？例如，销售和市场营销会发现运营很枯燥，你可以通过谈论自己的想法，即将如何帮助他们增加收入、利润、市场份额或品牌知名度来吸引他们。另一方面，如果你在与财务部门谈话，就可以选择突显你在流程控制、风险降低等方面的考虑。

- 具体计划是什么？你在议程上的位置在哪里？你应该坐着，还是站着？所有的关键利益相关者都在现场，还是打远程电话？

- 组织好会面前的行动。
    - 与有影响力的人和决策者交谈，为你的职位寻求相应的支持。
    - 请向办公室主任或私人助理询问以上问题的答案。
    - 准备好两个版本的主题议案，分别是 3 分钟的版本和 10 分钟的版本。
    - 开会的时间准确吗？会面应该继续吗？

会面期间

承认现实，优先考虑：如果你的主题对听众来说不是很重要，那么就换位思考一下，但要在他们为什么需要关心的层面进行说明。有一种方法是根据管理层或主要客户的首要任务，向他们展示你的主题。

认识到受众知识的不平衡性：做出一个决定——我是要教育还是忽视那些跟不上主题的人？如果你决定让每个人都对这个主题有相同的理解，那么一定要向大家解释你在做什么，这样那些有知识的人就不会觉得在屈尊俯就，或是这件事浪费他们的时间。如果你认为在会面中没有必要让每个人都跟上主题的进度，那么一定要在会面后向那些对该话题不了解的人提供更多的解释。

简洁而深思熟虑：陈述论点永远不要超过四个。如果超过了就意味着你认为这些论点没有足够的说服力来支持自己的观点。

像领导者那样行动：如果你想让别人觉得你是一名领导者，那么就要表现得像个领导者，如坐在一个显眼的位置上，通过提出有见地的问题或有益的建议，让别人感觉到你的存在。你也可以通过有建设性的问题来激发他们的自信。

倾听！不要只是传播：人们经常沉浸在自己的信息中，以至于不愿去听别人在说什么。因此一定要"倾听理解"，而不是"倾听回应"。倾听理解就是以一种让你不仅能理解他们在说什么，还能理解他们观点中的潜在焦虑的方式倾听对方。从本质上说，通过倾听理解，你就可以把自己的观点建立在他们的观点之上，把他们的希望或恐惧纳入你的观点之中，或者至少减少他们的担忧，让他们觉得自己被倾听了。许多人掉进了传播的陷阱，因此无法捕捉到那些语言和非语言信号。你要产生影响，就必须与关键人物进行接触。良好的接触在本质上是一种双向对话，所以你要表现出开放心态，而不是简单地停留在信息上。

注意聆听问题：回答你实际被问到的问题，而不是你认为应该被问到的问题。

会面之后

确保你在会面后采取了有意义的行动，并在特定的时间段内执行。采取行动会让你有机会继续参与，而不是简单地在会面中留下一个印象，然后被遗忘。如果你没有具体的行动，那么最好在电子邮件中总结讨论的结果，以再次检查每个人都找到了自己合适的位置。

当你不是主题专家的时候也可以产生影响

有时候，你会发现自己处于这样一种境地：你必须领导一个专家团队，或者与知识和经验都比你丰富许多的人一起工作。不要让这种情况吓倒你，因为你的知识匮乏的情况也可能帮助别人从不同的角度去思考主题。例如，在他们不得不向你解释其观点的背景和论据时，主题专家可能发现其逻辑或视角中的缺陷。

知识是一种奇妙的财富，但只有当它转化为富有洞察力的实践时，才能发挥出价值。知识有时会使人麻痹或产生恐惧（如对失败的恐惧），所以你的知识匮乏实际上是一种财富。

如果你不是主题专家，那么需要将以下特质带到会面中。

思维新颖，没有包袱：作为一名非主题专家，你可以自由地以开放的心态带来全新的视角。

抛开自负：许多人对现状都有一种执念，这在很大程度上是因为他们可能创造了现状，或者对现状感到舒适。因此，他们认为被要求改变现状是一种含蓄的批评。你应该使自己的主导变得有建设性，并使谈话具有前瞻性。

领导力：一名强有力的领导者有助于为讨论带来清晰度、弹性和活力。你可以在不是主题专家的情况下，完成上述所有工作，也可以整理出其他观点。

批判性和洞察力：作为一名非主题专家，你可以问一些非常基本的问题，而且不会像主题专家那样，做出同样程度的假设。

支持主题专家：所有的专家都需要得到支持以提出他们的想法或将想法转化为行动。你的热情和支持可以帮助他们创造动力，使相关想法付诸实施。

无所畏惧：你对相关知识的欠缺可能意味着给团队带来一定程度的自信或信念，这会对团队产生影响。记住，知识是一种抑制剂，尤其当它在个体中引发恐惧的时候。

重要提示和技巧

专注于对他人重要的事情：记住，对于你来说重要的东西可能对管理层或主要客户并不重要，因为他们花钱让你去关注细节。所以，除非完全有必要，否则不要陷入把他们扯进细节的陷阱。始终专注于思考对管理者或主要客户来说重要的事情是什么，说明主题将如何使他们成功或实现他们的目标。

给予支持和认可：让自己成为一个能够支持主题专家的人（认可、重视和欣赏主题专家的知识）。如果你是领导者，那么在做决策时，一定要对相关知识或专业知识的来源给予适当的认可。

获取另一个角度：如果可以的话，试着从那些在会面之前就与你的听众打过交道的人那里征求意见——他们会给你有用的见解。

思考练习

会面之前问一问自己：

1. 我的独特之处是什么？我的方法有什么独特之处，可以使会面达到预期的效果？

2. 我从以往的重要会面中学到了什么，使我这次能够提升参与度？

与管理者或主要客户会面后，停下来问自己三个问题：

1. 这次会面中，哪些讨论的效果比较好？

2. 我应该多做些什么？

3. 我应该怎样做才能得到不同的结果？

第 20 章　挑战现状

　　解决短期问题会让人们很忙，并且通常会使你在问题解决后立即得到满足感或被认可。关注短期问题是很自然的，很大程度是因为它们尚在一个人的控制之内，而且通常是显而易见的，最重要的是，它们将产生最直接的影响。完成一项短期任务所带来的满足感会成为一种动力，促使人们继续关注当下。

　　这种短期关注不可避免地为人们提供了一个不为未来机会做计划的方便借口。然而，成功的领导者总是在思考未来会发生什么，包括任何为了保持长期成功而必须改变的事情。

变革的关键词

　　成功的领导者会认识到有必要为长期发展做好准备，同时也要做好让人们跟随他和接受任何相关变化的准备。你必须奖励自己和身边那些眼光长远的人。

作为一名领导者，当开始变革时，很有必要关注以下原则。

清晰和简洁

推动变革的第一步是要对未来的愿景非常清晰，并使其具有吸引力。对于你和其他人来说，成功是什么样子的？是什么感觉？你怎么知道已经实现了自己的愿景？你需要推销自己的愿景，并帮助别人以与你一样清晰的眼光看待它。记住，你可能已经思考这一愿景很长一段时间了，但是其他人也必须经历这种思考过程，并且需要你帮助他们加深理解。缺乏清晰的愿景会导致他们出现困惑和缺乏追随你的动力，能否说明顾客或客户将如何受益，以及员工将如何受益，这一点很重要。挑战现状或推动变革的内在结果是，你会让人们走出舒适区。因此，必须有一个令人信服的理由来鼓励他们改变。

按优先顺序列出你的想法

把你的想法提炼成两三个最有影响力的建议。这样不仅消除了人们的困惑，还促使其他人专注于你的核心愿景，而不是被周围的"好事"分了心。很有可能的是，如果你能让团队把你最重要的三个想法都付诸实践，那么其他的好处也会随之而来。如果你列出了一长串的优先事项，那么人们可能觉得没有哪个优先事项本身是有价值的，因此就对你失去了兴趣。

请求支持

独自行动可能并不总是推动变革的最有效方式。有时候，建立良好的支持基础也是值得的。找到那些支持你的事业或者至少在关键时刻会支持你的盟友。在这方面，中层管理人员可能是关键，因为他们对组织如何接受变革的提议有很大的影响。此外，寻找团队中那些容易被其他人倾听的"传道者"或关键影响者——无论是根据他们的个性还是受欢迎程度。如果你能尽早让这些人接受改变，那么进行变革将会变得容易得多。

不要太早放弃

许多好主意都可能被半途而废——不是因为它们不是好主意，而是因为这些主意的拥有者没有坚持对其进行提炼和推广。用能引起听众共鸣的方式和语言表达你的想法。做好应对挫折的准备，着眼长远，保持韧性。如果你发现自己遇到了阻力，那么你必须去探索人们抗拒改变的关键原因。

· 害怕未知或害怕失败。

· 预感的或实际的对地位、工作的威胁。

· 优先级冲突。仅仅获得对你的提议的支持是不够的，还需要让他们同意你的计划要优先于当前的目标。

- 对改变的原因或设想的未来状况缺乏了解。人们虽然会明白有必要做出改变，但不会采取行动，除非他们清楚未来的状况比目前要好。

不要强迫自己

永远保持开放的心态。你的想法可能很好，但别人也许有更好的想法。保持你的观点，但要记住，你也可以先执行别人的想法，然后再回到自己的想法上。

必备的资源

确保你清楚地了解实现和维持变化所需的资源。如果变革计划失败，通常是因为没有分配变革计划所需的资源以确保其成功。在以下三个不同的阶段都需要资源：变革启动阶段（尽职调查和计划），实现阶段（包括创建知识存储库），切换阶段（将变革转换为日常业务）。

榜样的力量

你首先要成为员工的榜样。你要求员工改变，而他们更渴望看到你的改变或你有什么不同的举措。行动胜于言语，所以，以身作则至关重要。要做到这一点，你就需要让别人看到你的改变。

迅速识别出那些面对改变有所行动的人。薪水是员工工作的目的，但认可和表扬是他们成功的基础。请公开表达对他人的认可——无论是正式的奖励，还是非正式的感激或善意的简单表达。能否持续改变与你对那些做出改变的人的认可有很强的相关性。

这里要记住的关键词是：强化。强化你的信息！在一个变革的时代，你不可能有足够的交流机会，因此必须利用每个机会来强化这个信息。你必须坚定信念，并在你的愿景沟通中保持一致。

重要提示和技巧

消除变革的障碍：典型障碍包括旧的体系和流程，过时的程序，人们坚持现状是因为他们得到了回报，对失败的恐惧，或以上任意两者的结合。

燃烧的平台：对于团队来说，安于现状并不罕见。想要发起变革，你就必须做两件事：一是画一幅图来说明现状在未来（燃烧的平台）将不会有吸引力，二是说明变革状态的好处。

规则与创新：你是奖励人们遵守规则，还是找到创新的解决方案？

认可：为了挑战现状，你需要为所有涉众和受影响的各方回答这一问题：这对我有什么好处？这个问题可能不会明显成为现实，但仍然会潜伏在人们的内心深处。非常重要的是，你要说明个人将如何因为加入你的提议而得到认可。

沟通：沟通促进变革。永远不要假设别人会完全支持你或者完全理解你的观点。你必须不断重申实现目标和相关利益的重要性。此外，能够说明是什么支撑你实现目标的信心也很重要。通常如果你能够展示进展情况，并明确指出如何能降低风险和减少问题，就可以实现目标。

速度很重要：变革需要迅速开始，否则就会变成一份苦差事。为了获得动力，你需要实现短期的成功并宣传这些成功。永远不要低估动力，同时沟通也很重要，两者只有共同作用，才可能推进变革。项目的势头和相关的执行速度将受到早期快速成功带来的可见性和认可度的影响。如果该计划需要组织设计变革，那么我建议尽早实现该变革。组织的结构越是与变革保持一致，变革持续的可能性就越大。

风险和问题：尽早识别风险和问题，以及采用透明和有纪律的方法来减少问题，将使人们对该提议更有信心。当人们感到风险和问题没有得到认真对待时，变革提议就有可能受到破坏。让风险和问题保持透明是件必要的事。

限时：大多数组织都有一个相对可预测的年度运营周期或业务规划节奏。有时候，高层领导团队忙于短期挑战；有时候，他们会更开放地考虑新的变革思路。在最有可能被积极接受的时候提出你的想法是很重要的。

思考练习

思考一个你能挑战现状的想法。谁是主要的利益相关者和受影响的人？尽可能完整地列一个清单，并把它们分成三个标题。

1. 支持者

2. 中立者

3. 强烈反对者

花点时间想一想为什么每个人都属于不同的类别。

支持者：你怎样才能充分利用他们的支持呢？他们能否积极参与和表现，以满足你对他们的期望？如果他们中的任何一个可以被描述为消极的支持者，那么你如何鼓励他成为积极的支持者？

中立者：你能做些什么让他们从中立转变为支持这个想法？你怎样才能防止他们反对你的建议呢？

积极的反对者：你能理解他们的担忧吗？如果你认为已经理解了他们的担忧，那么你该如何减轻他们的担忧呢？对于这个群体，有没有什么共同的主题或潜在的焦虑，会导致他们抵制你的变革提议并坚持现状呢？

第21章　建立创新文化

创新文化要求我们必须在工作场所创造一个持续学习的环境。人们在日常工作中如果采取一种成长的心态就会得到认可和奖励。

一个团体或组织的文化在很大程度上受其领导者行为的影响。领导者不可能仅靠语言来支持创新文化的发展——必须看到他们以适当的资源和时间投资来积极支持各项倡议。领导者的关键作用是创造一个让创新蓬勃发展的环境。

如何鼓励创新

作为领导者，为你的团队安排一个能够创造性地思考未来的机会是很重要的。人们很容易把注意力集中在即时的日常挑战上，因为他们总是需要立即采取行动。因此，重要的是让你和自己的团队跳出常规。想象一下你们将如何塑造未来，并播下能够产生长期效益的种子。

你可以给创造性思维留出时间，以表明你鼓励创新的意图。但作为一名领导者，你还必须公开对其表示支持，并为创新创造合适的环境。这些将包括以下内容。

- 腾出时间和空间，让人们变得更有创造力。
- 解释你想要创新或创造力运作的框架。换句话说，概述最紧迫的业务挑战，而且这些挑战需要创新或创造性的解决方案。
  - 明确每个挑战成功的评估标准。
  - 明确你将如何优先考虑试点的想法。
  - 创造力是一个迭代的过程，而不是一个事件。
  - 创造力需要想象力、行动及其应用。
  - 创新是将一个想法付诸行动，以实现价值或解决人类需求的过程。
- 奖励和认可那些敢于尝试创新的人（包括"失败"的计划）。确保人们认识到并非所有的举措都会取得成功。但本着"不入虎穴，焉得虎子"的精神，风险越高，收益也越大。重要的是，每个人都要从计划的失败中吸取教训。具体来说，原本可以采取哪些不同的措施使该计划获得成功？事实证明，那些普遍的设想不够准确吗？如果能够抓住学习的机会，那么未来的计划将有更大的机会成功。

- 创建一个实验室或空间来试验创意。试验或测试不应该被隐藏起来，因为它们对公司里的每个人来说都是一次很好的学习机会，所以除非你在做一些非常机密的事情，否则应该让尽可能多的人知道试验的进展。
- 明确试验项目的时间框架。人们在培育创意上投入了大量的时间、精力和情感。因此，要让每个人都清楚，不能够达到某些里程碑的试验将被终止，这一点很重要。由于你测试新创意的能力是有限的，所以必须做出艰难的决定，尤其如果继续试验会阻碍另一个更有利可图的创意被采纳。

要想让创造力和创新蓬勃发展，有一个过程可以遵循，这对于你来说是有帮助的。否则，这些想法永远都只是痴心妄想，而不会使其梦想成真。一个真正有创新精神的团队，会把好的想法迅速转化为行动计划。

这一过程的具体步骤概述如下。

为创新打下基础

为创新创造空间和时间的一种方法是，设立专门的会议来进行头脑风暴或创造性地解决问题。为你的会议能够成功做好准备，而且有必要为这一天奠定基础和基本规则。事先向相关人员提供尽可能多的关于会议形式和目标的资料，使他们能够成功出席会议。

任命协调者是一个好主意。外部协调者通常是最好的选择，因为他使你和团队成员能够专注于活动，而不是做一整天的协调工作。

一旦安排好了会议，就应明确你要解决的挑战。确保每个人都能理解问题所在，以及从结果的角度来看成功是什么样子的。

在会议开始之前适当的时候，要保证每个人都能取得所有相关的数据和资料。如果有你无法事先传播的敏感数据或新信息，那么就在会议开始时花点时间来向大家简要介绍一下。

提前向团队解释创新过程，并认可预期的行为。重要的是，每个人都要清楚在会议和随后的每个阶段，你对他们在行动和贡献方面的期望是什么。有些人非常善于发现某个想法的缺陷，这是一项非常有用的技能，但真正的价值来自那些能够发现缺陷并提供解决方案的人。在这个过程中，过早地关注一个想法为什么行不通可能会扼杀创造力，会阻碍找到另一个创新的解决方案。

提供选项

先持怀疑态度，再让团队有时间时集思广益。在这个阶段，团队的目标应该是建立在某个选项或想法之上，并且应该停止批评行为。对于团队成员来说，可以为了增进彼此的理解而质疑某个选项，但不必太过纠结于此。

为了方便将内向者和外向者都包括进来，最好以个体的身份开始选项生成过程。例如，你可以让他们在便利贴上写下自己的想法，这样可以确保内向者有机会赶在外向者喋喋不休之前，表达自己的想法。让每个人都把想法写在白板上或者贴在墙上，然后把这些想法分成不同的主题。必须花时间确保每个人都理解每个想法。

对选项进行反思

在生成选项之后，就该查看想法之间是否有共同的主题，或者是否可以尝试将不同的想法合并成一个"超级想法"。在这一点上，培养想法是很重要的，所以要确保小组把注意力集中在这个问题上：怎样才能使这个想法获得成功？保持积极性是至关重要的，只有这样才能及时地识别风险。

这里有一个简单的评估方法——根据两个不同的因素，使用1~5分的打分法给每个想法打分。

A：实现的难度（1 = 难以实现，5 = 易于实现）

B：效益或影响的规模（1 = 效益或影响较低，5 = 效益或影响较高）

每个想法的总分都是由A与B相乘得到的。

在这个评估系统中，得分为20~25分的想法将相对易于实现和收获较高效益，这意味着这些想法应该被优先考虑实施。那些得分在15~20分的项目也值得关注，但可能只有在其他得分较高的项目完成后才会被安排。

识别风险

如上所述，识别风险是任何商业人士工作中极其重要的一部分。然而，真正成功的商业领袖不仅能识别风险，还能提出降低风险的想法。

在这一阶段，团队成员开始提出批评或表达对想法的保留意见。团队需要意识到，规避风险或承担风险行为本身并没有好坏之分，它只是一个人对风险偏好的反映。提醒大家此时可能出现的情绪或紧张通常是有益的。有时候在面对批评时，有的人要为自己的观点辩护，而有的人会因为提出异议或怀疑而感到不好受。你可以通过提醒团队——这样的风险评估是流程中非常有价值的一部分，从而帮助他们缓解这种情况，让想法成为最好的想法。

你可能发现，提醒人们识别风险的目的不是否定任何想法，而是开始降低风险的过程，这样做是有帮助的。真正成功的商业人士能够看到并迅速降低风险，从而在竞争开始之前采取行动。记住，如果你因认为风险太高而选择不采取行动，那么就会让竞争对手抓住机会。

优先考虑项

在确定了潜在的利益和相关的风险之后，就是确定优先级并选择要进行试验或实施想法的时候了。此时此刻，回顾一下你那天列出的成功标准，以及在会议上解决的每项挑战的"未来"结果是什么样子，这样做会很有用。那些看起来最有可能在最短时间内以最低风险实现最大效益的想法，应该被优先考虑并立即付诸行动。

制订一套行动计划

现在可以决定是进行试点或小规模试验，还是立即实施这个想法了。无论选择什么选项，都可能需要一个具有适当技能的项目经理来描述实现方案。

制订行动计划的关键将围绕以下方面展开。

- 设定一个愿景，描述计划成功后会是什么样子。
- 了解如何衡量成功。
- 用正确的技能和能力分配足够的资源。
- 确保这些资源有机会用于实现成功的结果。
- 关键是可交付成果和里程碑的时间表。

最后一步，是确保高级管理层的支持，并就如何向高级管理层和更广泛的组织传达进展情况达成一致。

重要提示和技巧

创新模型：为了充分利用创新过程，使用久经考验的创新模型或许是值得的，如"六顶思考帽"或"思维导图"。

思考练习

想一想你或你的团队，或公司在工作中遇到的最后一个商业问题。可以是任何问题——从竞争对手的新产品或你的供应商提价，到同事意外生病，再到需要想办法发展新业务。

解决这个问题的过程是怎样的？你是否采用了第一个可用的解决方案？你是否为了完成日常工作而完全忽视这个问题？你是否实施了创新流程？效果如何？

使用本章的建议，写下一些关于如何使解决问题的过程更具创新性的想法。

第 22 章　改变人们的行为习惯

在个人、团队或组织中发起行为改变并不容易，尤其是如果你希望这种改变能够持续下去的话。持久的行为改变很少会很快实现，这通常是一个渐进的过程，如养成新习惯。在进行任何改变之前，个人或团队需要认识到为什么需要改变，了解改变的价值并准备按优先级进行改变。换句话说，虽然你可以通过做一些事情来推动和激励行为的改变，但最终改变必须来自如下事情。

我们的改变过程

下面概述的改变过程有六个步骤，重点是准备改变、实际发生的改变和改变后的三个阶段，以确保这种变化持续下来，并成为新的规范。

- 理解改变的必要性。
- 设想期望的最终状态。
- 准备实施：专注和计划。

- 实施：采取行动。

- 预防复发：不要试图放弃改变。

- 嵌入变化：衡量、认可和奖励。

理解改变的必要性

做好改变的准备很重要。当变化突然降临时，人们很少会成功。因为虽然可能是促使行动发生的催化剂，但只有经过深思熟虑的决策和确保时机正确，才会带来持久的变化。

改变是一项面向行动的活动。它从不被动，每个相关人员都必须准备好才能采取行动，否则就不会发生真正的变化。能否意识到这一点很重要。例如，许多人都知道他们应该多运动，应该吃得更健康，但并不是每个人都会真正采取行动去为此做些什么。这就意味着确保采取行动的承诺至关重要。

向参与过程的人提出以下这些问题。

- 你如何知道在何时实现了改变？

- 别人怎么知道你已经成功地改变了呢？

- 不改变行为的后果是什么？

总是从影响的角度来谈论改变。例如，一名为球员设定严格健身计划的足球教练将会不断地强调，身体健康的球员获胜的机会更大。他们会关注健康的影响，而不仅仅是为了健康而健康。教练还会指出不保持和提高身体素质的可能结果：不参加训练计划会增加因疲劳而输掉比赛的可能性。

同样在商业背景下，团队理解变革的结果也很重要——采取行动的好处和不采取行动的风险。就像上述例子中的教练一样，你可以指出坚持现状会造成的后果或风险，并描绘出一个"更好的场景"。在这个场景中，参与者要么会感到更安全，要么会因为改变而获得一些物质利益。

设想期望的最终状态

进一步关注结果。为了推动行为改变，领导者需要清楚自己想要的最终状态。每个相关人员都应该能够简明扼要地说明当前情况与他们试图创建的内容之间的区别。强大的领导者总是能让变化的场景变得清晰，以引起观众共鸣的方式清晰地传达预期的最终状态，这一点至关重要。简单地说，良好的测试方法可能是向未被涉及的第三方解释这种变化、变化的需要以及期望的结果或最终状态。想象一下，你必须把你的理由告诉街上的普通人——如果这看起来不可能，或者你的第三方没有理解你的观点，那么你可能就需要考虑完善你的愿景。请考虑用一个商业场景的例子来说明你的解释。

花时间以确保每个相关人员都知道所期望的最终状态，这对于实现他们所做出的关于改变的承诺是非常宝贵的。这也是改变成功的一个重要因素。当团队中的领导者和关键影响者公开承诺会进行改变时，级别较低的团队成员将更有可能遵循这一承诺，因为他们认为这是高层做出的承诺。

专注和计划

在决定开始行为改变的过程，并明确所期望的最终状态之后，重要的是以一种专注的方式对待这种变化。花点时间规划好从当前情况到你想要达到目标的过程和时间表。这个阶段很重要，因为每个参与变化的人都必须能够看到预期进展的速度，并知道是否有了周密的计划。

避免一次做完所有事情。因为一个过于雄心勃勃的行为改变策略是极不可能奏效的——人们会因此变得不知所措，无法承受所做出的改变。相反，计划将整体的改变分成一系列可管理的部分，并从一些可以快速收效的基础上开始创造动力。如果你在一开始就尝试改变中最困难的部分，那么你或你的团队会再次感到压力过大。相反，如果你先处理一些简单的任务，建立一些积极的能量和善意，你就会发现团队会从早期的胜利中获得信心，也不会变得那么气馁。

采取行动

从本质上讲，行为改变是试图打破一个旧习惯，同时创造一个新习惯的过程。养成一个新习惯需要大量的重复——其中一种说法是，至少需要连续 21 天，每天都要坚持同样的行动。

当我们把这些与行为变化联系起来时，要记住的关键是，这一切都与行动有关——既然你不能从理论上促使人们做出行为上的改变，就必须将这种改变付诸行动，并向自己和他人明明白白地证明，这种新行动将会蓬勃发展。当谈到改变时，很多人都会说得很好，但是很少有人能够真正成功地实现改变，因为他们关注的只是理论而不是行动。这就是你的计划如此重要的原因。

请在这些指导方针下决定你的行动。

- 在接下来的七天里，你会采取什么具体的行动来改变你的行为呢？
- 这一变化将产生什么影响？
- 你如何衡量这一变化？
- 你预计什么时候会看到这一变化的影响？
- 其他人什么时候会看到这一变化的影响或好处？

不要试图放弃改变

行为上的改变并不容易，而且很有可能在这一过程中，让旧习复发的机会就会出现。一个好的办法就是，花时间提前确定可能导致旧习复发的诱因——它可能是一个特殊的情况、一个事件，甚至是一个能诱使你或你的团队重拾旧习惯的人。

如果你事先计划好了当机会来时你会如何应对，那么这样做将对你有很大的帮助。如果你已经预料到复发的风险，并认识其中的诱因，那么你就会做好积极应对的准备，并忠于你的长期目标。

衡量、认可和奖励

只有在衡量、认可和奖励进步的情况下，行为变化才会持续。因为即使是个人的改变也是如此，你必须认识到这一点并奖励自己。认可的重要性被怎么强调也不过分。因为当你看到可以衡量的目标有所进展时，要抓住每个机会去认识其中的个人或团队。由于行为改变是困难的，所以人们需要及时得到鼓励而认识到自己的进步，这一简单的行为就能极大地激励人们继续这一进程。

重要提示和技巧

阻力：如果你发现团队不接受改变，那么可能是因为缺乏动力。你要么让未来的状态更有吸引力，要么让不改变的后果更明显，以使当前的状态不那么具有吸引力。

在困难时期保持坚强：当形势好的时候，人们很容易做出行为改变的榜样。这就是为什么团队中大多数成员在看到领导者在压力下的反应之前，不会真正相信他们已经改变。

让你的目标保持一致：你试图带来的改变必须与公司的战略

和文化相一致。如果期望的行为变化与公司文化不一致，那么这种变化不太可能长期持续。

思考练习

想一想你希望看到的变化。理想情况下，这将是职场或商业上的实例。但你也可以想一想，你希望在自己的生活中看到的变化。例如，健身或健康习惯。

现在请你考虑一下，如何以一种切实可行且持久的方式实现这种改变？

1. 这一改变的实际效益是什么（包括硬效益及软效益）？

2. 谁将从这一变化中受益，如何受益？

3. 这一改变关键的成功标准是什么——要想知道这个改变是成功的，其关键点是什么？

4. 这一改变的影响何时才需要引起利益相关者的注意？

5. 可能是什么因素促成了这一改变？

6. 这一改变的障碍是什么？

7. 谁是你的盟友（即在这段旅程中支持你的人）？

8. 谁可能不支持这种改变？为什么？他们会有什么样的反对意见呢？

9. 你怎样才能说服那些批评者成为你的支持者呢？试着想一想具体的措施。

第23章 克服抗拒

抗拒并不总是以明显的方式表现出来。大多数人都会积极地倾向于随和的表现，所以这种抗拒可能被一种愉快的态度掩盖。抗拒也可以被伪装成同意，人们会说类似这样的话：这是个好主意，我们也应该做这件事、那件事，还有其他事。虽然在表面上听起来是积极的，但实际上它是增加了项目的范围，从而将这种想法变成一个不可能实现的计划，并且使其永远不会实现。

阻力来自哪里

能够在一个团队中消除任何潜在的焦虑总是好的。大多数抗拒的根本原因通常可以归结为以下一种原因或多种原因的组合。

缺乏清晰的表达

如果人们对活动的目标或收益没有清晰的认识，那么他们总是会表现出抵触情绪。所以在你开始行动之前，很有必要让每个人都了解成功是什么样子。在这方面，每个人都必须了解目前的情况。有时，为了激励人们应对变化或实现目标，你必须概述现有的状态，以及未来状态的好处。

对未知的恐惧

如果你非常讲究创新，或者实现目标的道路并不明确，你可能遇到阻力。在面对新兴事物时，大多数人都会持观望态度。对未知的恐惧是合理的，因为它表明人们关心并正在考虑后果或其附带的损害。

作为一名领导者，你的一项任务是让人们在接受新流程带来的风险时感到舒适。最好的办法是正视现实，同情并帮助人们克服他们的担忧。在正视现实的过程中，你要让人们感到被倾听，也可以从中引出他们建立自信所需要的东西。

对未知的恐惧通常表现为过分关注细节（这阻碍了进步），或者无休止地谈论话题而不采取行动。处理恐惧时，能让人们对自己的能力和团队的集体力量充满信心是很重要的。

害怕失败

有时人们会完全理解你和你想要达到的目标，但却担心自己会与可能失败的事情联系在一起。在本质上，他们都是要规避风险的。规避风险行为本身并没有一种好或坏的属性。最终，作为领导者，你必须帮助人们采取行动减轻他们的恐惧。为了帮助他们克服对失败的恐惧，你一定要给出时间并创造空间来充分处理可能影响团队或个人信心的风险和问题。

维持现状的愿望

现状的存在是有原因的。这既可能因为它是一个舒适区，也可能因为人们仍然重视与当前做事方式相关的好处，这使他们不愿意继续前行。通常在已建立的组织中，维持现状会符合人们的既得利益，因为他们可能在构建现状方面发挥了作用。他们对事物有亲近感，可能是因为他们认为这是自己努力工作的结果。因此，有时候把旧事搬出来也是件好事——它恰好可以使人们认识到现状对公司目前的成功意味着什么。你要避免出现轻视或批评的态度，试着把它看作是在某个特定时间点应该做的合适的事情。通过展示如何在未来保持或增强现状的好处，你才有可能做到这一点。

看不出"这对我有什么好处"

人们不会主动离开他们的舒适区，除非能清楚地看到"这对我有什么好处"。你需要以一种清晰的方式向听众展示你的愿景，让他们知道这会给他们带来什么好处。

许多领导者虽然花时间关注公司的利益，却没有明确说明这些利益将如何惠及个人或团队。重要的是，要将信息个性化，并明确其在个人层面的积极影响——你的信息也必须对个人具有吸引力。

优先级冲突

如果某个人正在为另一个具有优先级的事务或目标而努力并获得了奖励，那么他就会表现出抵触情绪，尤其当你的项目或计划会破坏他的具有优先级的事务的时候。公司内部的团队有相互排斥的目标并不罕见，这样做是为了推动创新和平衡。例如，销售团队被鼓励销售更多的产品，而运营部门则被鼓励通过减少库存或最小化分销成本来节省资金。这些单独的目标鼓励着个人以不同的方式行事，而这种方式上的差异可能表现为抗拒。

怎样才能减少阻力

减少阻力的最佳方法是让关键人员参与对"未来模式"的设计。确定谁是组织中的关键影响者，并让他们尽早参与到项目中，这样做是很好的。

促进论坛的发展也是有益的，因为在论坛上人们可以将反对意见提出来。一个好的方法就是与员工小组建立会话机制，让他们有机会表达自己的希望和恐惧。重要的是，你要以支持的态度回应那些敢于表达恐惧的人。征求潜在恐惧的一个好方法，就是让人们把恐惧写在便利贴上，然后贴在墙上或白板上。这样，它们就可以被分成不同的主题，而没有人会觉得自己被孤立了。

下一步行动就是制订一项计划，以解决已经提出的担忧。要积极地鼓励他人，因为现在你能看到阻力，就有更好的机会成功地解决它。如果你的反应是消极的，就会把阻力推回到秘密状态，因此几乎不可能对付它。

如果你已经尽了最大努力去消除阻力，但阻力没有被消除，那么你可能不得不做出艰难的选择——要么你停止主动努力，要么你采取措施清除抵抗者。

现在要问的一个重要问题是：你是阻力的来源吗？有时领导者可以通过以下行为来制造阻力。

- 过于挑剔。
- 过于严格的管理。
- 把自己当作无所不知的人，不愿意接受意见，忽视问题或批评。
- 未能创造一个有利于改变的环境。

如果你要求团队在面对这些行为的同时，还需要在寻找长期解决方案方面具有创新性，那么你要开始反思自己的问题了。

重要提示和技巧

利用小道消息：可以利用非正式的信息网络来评估人们对工作的总体感觉，尤其是你的主动性。如果你能得到的小道消息有限，那么也可以向别人寻求帮助。

建立信任：考虑与团队成员一起举办一个非正式的社交晚会，这样你就可以从个人层面了解他们，并在非正式的场合建立对彼此的信任和信心。

风险评估：建立正式的风险评估机制，鼓励人们提出对该计划的所有疑虑或恐惧。你也可以让他们告诉你怎样才能让他们对这一改变感到更舒服。

重用关键的影响者：找出关键的影响者，使其与那些可能表现出抵触情绪的人交谈。

吸引高层管理者支持：如果有必要，你能让高层管理人员强制执行这个计划，并明确表示期望团队协作使项目成功吗？

分享远大前景：每个人都需要了解更大的前景。如果个人不理解或不欣赏未来所处的环境，那么他们将不愿意接受改变。不管一个人的级别有多低，或者离客户有多远，重要的是，要让他们了解自己如何为客户的整体体验做出贡献，从而为公司的成功做出贡献。如果人们把改变看作是做出更大努力的一部分，他们就更有可能接受它。

思考练习

也许有必要评估抗拒的力量与推动变革的愿望之间的平衡。想一想你的想法曾经遇到阻力的情况。

1. 抗拒的幕后推手是谁?

2. 支持他们的力量是什么?

3. 哪一组力量超过了另一组力量?

现在,你已经认出了那些抗拒的人,把他们从最具影响力的人变成最不具影响力的人吧。

你能做些什么来帮助解决他们的抗拒?你当时是怎样处理的?你现在又能做些什么?

第三部分
管理任务

第24章 绩效讨论（作为雇员）

一次好的绩效讨论，可以是一个很好的发展经验，它也可以让你战略性地思考自己的职业生涯。并不是所有的公司都有严格的绩效管理流程，所以，如果你有幸为一家这样的公司工作，那么一定要充分利用这次机会。一次好的绩效讨论将给你一些关于如何工作的建议，并建议你用不同的方式做一些事情，从而对你目前的职位产生更大的影响，或者加速你的职业发展。在某些情况下，这既可能意味着你将进一步发展已经成为优势的能力，也可能意味着你将获得更多的经验或改善感知到的不足。无论结果如何，重要的是，你要掌握培养自己发展的主动权和控制权。所以，带着开放的心态参加锻炼吧。

当你业绩好的时候

为会议做好准备，明确你的短期目标和长期目标是什么。可以提供你在开会之前考虑的合理问题如下。

- 从长远来看我想要什么？

- 我理想的下一个职位是什么？它能给我带来什么以增加我的职业发展机会？

- 你认为自己的开发需求是什么？你要决定是想解决一个缺点，还是想强化一个优点，然后评估哪一个会对你的长期职业生涯产生更大的影响。很多人都专注于解决缺点，但有时花些时间去强化优点结果反而会更好。

- 你想过需要什么样的支持吗？是教育资助吗？包括经济资助和休息时间吗？你想要承担更多的责任吗？你是否希望在参加行业会议和研讨会时得到支持？你想要更多的休假时间来参与行业组织吗？你需要工作轮换，还是更多地接触高级管理层？

- 你准备好旅行了吗？

在为会议做准备的时候，把你在过去 12 个月里完成的所有重要任务列个清单，并把它们与对公司的影响联系起来。如果你想让自己的老板帮助你，就要提醒他，你的工作是多么出色。

准备好给你的老板一个令人信服并简洁的概述，告诉他你有什么打算，你想从他那里得到什么。你的概述内容越具体，你的老板就越容易帮助你。

在绩效讨论中，还有如下一些问题要问你的老板。

- 公司认为我的职业道路如何？在小公司，这可能涉及获得股权的途径。

- 公司将如何支持我继续自己的专业发展？

- 公司将何去何从？

- 你的主管是否在考虑跳槽？如果是的话，你是否有可能得到他的职位？如果答案是你不会得到他的职位，那么就要获取非常具体的反馈——你要考虑你必须做些什么才能得到这个职位（假设你想要该职位）。由于这可能是一个敏感或私人的问题，因此必须谨慎地提出来，但不要避开这个话题。你需要明白，你的晋升之所以受阻，是否并非由于你自己的过错，而且你与公司需要就其他晋升的机会进行一次成熟的对话。

当你业绩不好的时候

如果你觉得自己没有达到公司要求的标准，那么就很有必要对自己诚实。职场生涯是一场马拉松，而不是短跑比赛。大多数人在某一阶段都会遇到坎坷。重要的是，要反思并努力从失败中吸取教训，同时还要评估这种情况是否可以挽回。

你是否有正确的心态去接受反馈？如果你觉得现在还不是时候，也许可以重新安排会议的时间。

你确定想要达到什么目标或从绩效考核会议中学到什么吗？

绩效考核会议是双向的，所以如果你觉得没有得到成功所需要的支持，一定要提供反馈，并举例子来说明这一点。

下面的问题可以帮助你厘清思路。

- 在我的生活和工作中是否发生了什么？
- 我真的喜欢这个职位吗？
- 如果没有约束，我接下来要做什么？
- 我的工作是否充分利用了我所能给予的一切？
- 我想做些什么来扭转局势吗？
- 我应该追求另一种生涯战略吗？

在这场绩效讨论中，请记住以下内容。

要积极：给你反馈的人最终是想帮助你，虽然当时你可能感觉不到这一点。如果你的管理者给你反馈，实际上是在满足你的需要，并表明他在投入时间和精力支持你。对于他们来说，最简单的事情就是什么也不说。选择给你反馈，则表明他在关心你。

虚己以听：倾听理解反馈意见，不要在会议中表现出防御心理。如果你觉得这个反馈是不合理的，那么简单地说出觉得它是不合理的，并说明你会在会后提供书面答复。

探索其他可能性：如果你有不同的职责，或者你的高绩效障碍被消除了，将会发生什么？

会议结束后，还有一些可以帮助巩固你的立场的关键问题需要解决。

寻找第三方：讨论反馈意见，以及你得到反馈后的感受。

获得反馈：避免责怪给你反馈意见的人，或者认为他们在某种程度上是错的。通常，他们给出的反馈只是他们的意见，所以不可能有对错之分。你不必同意这些反馈，但理解它还是有帮助的。记住，给出反馈的人不太可能是唯一对你有这种看法的人，但即使是这样，知道这是管理者对你的看法也是有帮助的。让他们知道你很重视这些反馈，并且希望他们能够支持你继续解决这些问题。

总结一下：要求得到一份会议的书面总结，包括对你的期望，以及你能在其中扭转局面的时间表。

优先考虑下一步：你能立即做些什么来产生立竿见影的积极影响吗？根据反馈，找出三件你将以不同的方式去做的事情，然后与给你反馈的人分享这三件事，以确保你提出的行动是他们所希望的。

跟进：要求召开 4~6 周的跟进会议来讨论你的进展。

是时候跳槽了吗：如果需要的话，看一看你能否与公司友好地分手。有些公司会签订一份离职协议，其中包括延长个人到其他地方找工作的时间（即超过法定通知的时间）。

不管你决定做什么，都不要过河拆桥。如果你散布谣言或暗中破坏，就有可能破坏自己未来的成功。更多的相关内容请参见第 9 章"处理工作中令人失望的消息"。

重要提示和技巧

着眼于未来：虽然反思过去以从中获取收获是很重要的，但讨论的真正价值在于确定未来应采取的最佳行动方案。

保持情感上的距离：尽量不要把反馈当成是针对你个人的。我们都有改进的机会，所以要接受反馈，然后冷静而理性地决定你要怎么做。记住，你永远拥有对反馈的回应权。

不要想当然：如果你并不完全理解这些反馈，就到你的主管那里询问更多的细节。

思考练习

写下你在过去 12 个月或评估期间的三大成就和学习要点。

你可以做些什么来巩固你的成就吗？在学习过程中，你能做些什么不同的事情呢？

练习与同事或朋友讨论你的做法，让对方注意你的语言和语气。

第25章　与你的老板"一对一"面谈

定期的"一对一"面谈在专业环境中是有益的。因为它可以使你与老板或你的直接下属之间有清晰的沟通和协作的工作关系。

但是"一对一"面谈可能是一项挑战。随着时间的推移，与老板进行"一对一"面谈的重点也会有所不同，这意味着你可能感到畏惧，或者没有充分利用分配给你的时间。

计划是关键

好的"一对一"面谈的关键是准备。

有时候你需要老板的意见或方向；有时候，你只是想简单地向他们介绍或更新一下，对于你和团队来说什么很重要；或者，你可能想要集思广益，探讨一些长期的战略话题。有时，面谈将专注于某个主题的深入讨论；有时，它可能涉及多个主题。重要的是，无论面谈的主要目的是什么，你都要制订计划，并在可利用的时间内明确想要达到的结果。这个计划可能意味着你需要再安排一次面谈来讨论某个特定的话题或问题。

下面的问题有助于准备"一对一"面谈的议程。

最想要的：现在需要讨论什么，或者有哪些紧急事项？

所需的帮助：明确你需要从主管那里得到什么，以帮助你清除障碍或实现目标。

潜在的问题：列出你虽然不需要特别帮助或讨论，但老板应该知道的情况。

业绩：自上次面谈以来，你或团队交付了什么？这个问题可以作为评估你的影响力的方法——至少每季度一次。如果你不能列出自己或团队引以为傲的可交付成果，就意味着你的工作可能没有效率，或者你没有为有意义的成果或可交付的成果做出贡献。

关键的短期焦点：列出你和团队现在关注的关键行动（本季度）。

风险：你没有关注什么？你在哪里落后了？哪些承诺有可能无法兑现？当风险增加时，一定要谈到你正在做什么以降低风险，或者你需要什么具体的帮助来降低风险。

人员：团队发展如何？谁表现得很好？你是否担心某个个体？你想让老板给团队成员认可吗？有什么重要的纪念日或事件会影响团队成员的表现吗？

绩效反馈：定期检查工作业绩。你的老板想让你做些什么不同的事，或者想让你做更多的事情吗？

你自己的发展：作为检查自己工作表现的一部分，寻求老板对你职业发展的技能、能力和经验方面的反馈也很重要。为你的发展目标寻求老板的实际支持。例如，赞助课程、参与项目或任务，这些都能让你获得正确的经验，并展现出最好的自己。

重要提示和技巧

事无巨细：在面谈之前，一定要明确你想要达到的目标。问一问自己：是什么造成了成功的结果？

做好准备：在面谈前把你提出的议程发给你的主管。既然面谈的价值在很大程度上是由你的准备决定的，那么它也会受到管理者的准备的影响。所以他（她）准备的时间越多越好。

请求老板支持：这是一项真正的技能，它能够预测问题并帮助你采取预防行动。你需要及时寻求帮助和支持，以给你的老板足够的时间来达到预期的效果，而不要等到最后一分钟。定期的"一对一"面谈是引起早期关注的好方式。

面谈频率：将根据职位的性质而有所不同，但最好至少每两周进行一次"一对一"面谈。"一对一"面谈应该被安排为一种定期会谈，双方都应该承诺按时参加。如果一方不能出席，面谈就应重新安排，而不是取消。

持续时间：为"一对一"面谈安排一个小时可能很好。如果本次面谈没有涵盖所有的内容，就安排一次后续面谈来继续未完成的议事主题。

思考练习

把你想与老板讨论的重要话题按优先顺序排列出来。

对于清单上的每一项，都一定要区分出你的活动带来的成功结果和你的实际影响。用事实和数据来支持你的观点。

列出你需要老板帮助的所有领域，或者至少是你认为未来几周可能需要得到帮助的领域。明确你希望老板采取什么行动，以及你希望达到什么结果。

第 26 章　如何要求加薪

加薪会对一个人的职业和生活产生很大影响，也会让你对自己在公司中的价值感觉更好。从本质上讲，这是一个非常私人的话题，因此会给人们带来很多担心和焦虑。管理良好的提升过程可以给你带来一个非常令人满意的结果。本章将给你一个可以遵循的过程，让你做好准备，并有信心与雇主进行建设性的讨论。把你的加薪要求看作是一场谈判，你希望各方都能从讨论中得到各自想要的东西。归根结底，这虽然不是一项投资决策，但也应该被当作投资决策来对待。

在加薪的讨论中，你要让公司明白给予高绩效员工认可与奖励是恰当的，这能让员工更有干劲地为公司效力。从本质上说，你是在要求公司对你进行投资，公司也有权利认为会从投资中获得回报。此外，你还希望获得适当的报酬，以匹配你现在和将来为公司增加的价值，并努力使这场讨论能以积极的结果结束。

小提示：许多人会认为，公司应该主动提供加薪和补贴，以换取高绩效。这是一个普遍的观点：只要你努力，做得足够好，就会得到更多的认可。无论情况是否应该如此，现实却往往不是这样。有句老话说得好，"不争取就没有结果。"这句话在讨论薪资和福利时非常适用。

在讨论加薪之前

在任何讨论之前，都要更好地了解影响加薪可能性的关键因素。一个职位的薪水通常由四个关键因素决定。

该职位的业务需求：一个职位或一套技能在某些行业可能比在另一个行业更受重视。大多数公司会根据一个职位对公司成功和在市场上的重要程度，为这个职位设定价格或工资水平。很有必要确定一下你的职位对于公司和该行业的重要性。

该职位的市场价格：通常是由在市场上具有适当技能和能力的个人供求所驱动的。这是一个关键因素，随着时间的推移，它也可能发生变化。因此，了解你所扮演角色在市场中的价值，以及取代你的成本或难度是必要的。许多招聘公司的网站上都会有市场薪酬报告，或者你可以简单地在网上搜索与你的职位相似的职位空缺。招聘广告会让你对各个公司所提供的薪资福利有一个很好的了解。

个人在职位中的表现：这个因素具有高度的相关性。问题不在于你的表现有多好，而在于相对于他人而言，你在公司内部和外部市场上的表现如何。

当你要求加薪时，你的老板面临一个选择——他们要么同意加薪，要么冒险让你跳槽。这意味着他们将面临寻找一个新人，能以同样或更低的薪酬水平带来同样或更好的业绩。

老板通常会主动留住一个高绩效的员工，所以要确保你能清楚地展示出你正在取得的成果，而不仅仅是努力工作。我很少遇到公司里有人对我说他们工作不努力。所以，不要把加薪的要求建立在努力工作的基础上，而是建立在你的业绩和你对公司的影响力的基础上。

公司的支付能力：这是公司业绩的一个函数。最后，公司支付加薪的能力是决定你加薪幅度的关键因素。如果你能清楚地说明你是如何为公司增加价值的，那么公司应该看到留住你的意义。你在这方面有一个优势，因为替换你通常会很贵——雇用新员工的费用大约相当于其第一年工资的 20%~30%，在招聘流程和新员工的培训方面都需要时间。假设现有员工表现良好，那么留住现有员工通常比聘用新员工要便宜。

准备讨论加薪问题

在进行薪资谈判之前，要充分了解你的谈判立场，并确定对你最有价值的是什么，这一点很重要。只有你才能列出自己的福利计划的优先级，所以在开始之前你一定要有一个简洁的优先级清单。

重要的是，要看你一揽子计划的各个方面，而不仅仅是工资。有时对你来说，可能有比加薪更有价值的好处。比如，获得更多的经验、更多的曝光机会、受资助的继续教育、更多的休假或养老金缴款。

加薪讨论是一种微妙的谈判，需要多次面谈，可能持续好几周。

第一步：准备好

记住，你是在把自己豁出去，所以准备做好一场有难度的讨论是很重要的。公司实际上是在通过加薪对你进行投资，所以他们要通过提出尖锐的问题来审查其投资是否合理。

公司还将研究这一要求是否会引发其他员工的连锁反应，因此将考虑更大的前景。除了考虑上一节给出的建议外，你还要回顾影响职位感知价值的因素以及你在职位中的影响，然后再决定如何在每个主题下设置合适的论据。

第二步：知道如何以及在哪里为组织增值

要有证据表明你在过去一年的工作效率有所提高——如果你不能做到这一点，那么你的表现就不能保证可以加薪。经常记录你的成就和所做的任何流程改进，以及这些改进对公司的价值——无论是在增加营收、降低成本，还是改善客户服务方面。

第三步：明确你的要求

看一看你的整个方案，找出什么是对你最有好处的。展示你是如何达到加薪或改善待遇的要求的，以及为什么你认为提出的要求是合理的。

这一步，你必须准备好向公司推销自己和自己的价值。要保持平衡，不要让自我限制的信念影响你，但也要现实。不切实际的要求可能只会让人觉得你很天真，或者你对职位的市场价值不了解。

第四步：寻找盟友

是否有其他利益相关者重视你的贡献并支持你加薪？你的主管最可能听谁的话？如果你认为有人会支持你的请求，那么就决定如何及何时让他们参与讨论。最好是与你的主管开始讨论，但如果你觉得他需要从第三方那里得到一些证实，就准备好请求那个人或利益相关者来支持你。

第五步：让你的主管感到轻松

让你的主管帮助你。在很多情况下，你的主管可能需要从其他高级经理或董事那里得到加薪的批准，所以要给他们提供证据以提出一个令人信服的理由。如果你的主管需要向他人提交一份商业案例以获得批准，那么就为他们起草一份，以使之变得更容易。

第六步：做好被拒绝的准备

最重要的是，专业的回应总是很重要的。准备好接受建设性的批评，然后询问具体原因和反馈。向你的主管寻求支持，探索解决这些问题的方法，为重新开始讨论设定一个日期，如 3~6 个月后。

你可以用一种中立的方式来表达你的失望，要控制自己的情绪，但关键是记住要做出专业的回应。重要的是，不要证明决策者是正确的。如果你的回应不够专业，做出这个决定的人就会认为他们是正确的，因为你显然无法处理坏消息；或者，当你不能按照自己的方式做出专业的回应时，他们也无法做出正确的反应。

无论结果如何，加薪讨论都应该是一次建设性的对话。你要避免让老板觉得他们收到了最后通牒。发出最后通牒是不明智的，因为这不仅会让你显得不够专业，而且公司很可能认为你会在晚些时候再次发出最后通牒。任何企业都不愿意被一名员工"挟持"，不管这名员工有多么优秀。所以，他们会揭穿你的虚张声势。一旦你发出最后通牒，他们就会开始计划你的离职事宜。

如果你的请求不成功，在你完成所有这些步骤之后——或者，甚至多个请求和评审都不成功，你已经开始感到自己被"欺骗"了，那么你就自己选择好了——要么保持现状，要么把它作为一次机会来准备你的简历并关注人才市场。

重要提示和技巧

语气：保持谈话时的积极语气。表达你为什么对为公司工作感到兴奋，为什么想继续与公司一起成长和发展，以及你如何从长远角度看公司会成功。

要有建设性，要有创造性：薪资讨论很少是直截了当的，你很可能不得不考虑一个相反的提议。例如，你没有被加薪，而是获得了更大的奖金、股份、利润份额或更高的佣金。如果公司真的看重你，他们会给你提供比你期望的更多的薪酬，但会推迟支付。例如，五年以上的股票奖励通常被称为"金手铐"。

支持你的主管：不要把你的主管放在一个会使其认为自己被控制了的位置。记住，你的职业生涯是一场马拉松，而不是短跑比赛，你当然不希望在途中过河拆桥。

获得好建议：薪酬是一个敏感的话题，应该谨慎处理。确定让一位值得信赖的顾问或导师来帮助你。无论是在社交场合，还是在"八卦纵横"的饮水机旁，都不要被别人的吹牛左右。

思考练习

1. 列出你的一揽子优先事项。在讨论薪资和福利时，下面讨论的一些问题并不罕见。

- 基本薪资

- 奖金

- 利润分成

- 佣金

- 假期

- 学习休假或赞助学习

- 健康保险（有时包括因长期身体不适而失业的薪金保险）

- 养老金缴款

- 在职职工死亡抚恤金

- 公司的股票期权或权益

- 折价购股计划

- 培训、教育和发展

- 公车

- 公共交通的通勤津贴

- 公司产品折扣

- 较高的差旅费用或级别

- 体育俱乐部、健身房或社交俱乐部会员

- 有能力享受无薪假期或离职长假和带薪休假

2. 在网上搜索与你的职位相似的空缺——评估市场机遇。

3. 列出你在过去 12 个月中取得的所有成就。你可以将它们分类
   如下：

   - 成功地交付项目以增加收入

   - 成功地交付计划以降低成本

   - 提高效率或生产力

   - 成功地交付了改进客户体验的计划

   - 成功地交付计划以减少风险或增强依从性

   上面的内容中必须包括可量化的硬性收益和软性收益。

   你收集到的哪些信息可能对讨论薪资有所帮助？

第27章　谈判技能

在谈判中，知识就是力量。如果你缺乏知识，就很可能错过重要的机会。毫无疑问，谈判最重要的方面是事先做好准备和计划。这种准备就是要增加你的知识，然后再决定如何，以及何时使用这些知识。

在你的职业生涯中，你会遇到许多不同类型的谈判。对于某些职位，如销售和采购，谈判是最基本的。但是当你遇到以下场景时，你会发现自己也参与了谈判。

- 与你的团队或老板协商工作量

- 与供应商、厂商或其他方协商成本或服务

- 协商雇用合同

- 商谈费用或销售价格（如当有人向你买东西时）

- 协商弹性工作时间

- 协商截止日期

- 谈判加薪（参见第26章）

任何谈判都有三个关键方面：知识、谈判时间和策略。

知识

对于任何谈判来说，你都需要了解以下内容。

- 你的需要
- 对方的需要
- 你的谈判立场的优势

你的需要

你需要知道通过谈判获得的成功是什么样子。你要明确自己希望达到的目标是什么。

- 理想的结果是什么？
- 可接受的结果是什么？
- 你的底线是什么？如果没有达到底线，你准备好离开了吗？你有其他可行的选择吗？

预见症结所在，这样你才能做出反应，决定什么是你愿意让步的，什么是你想要的回报。有一个原则：永远不要在不知道自己想要什么回报的情况下做出让步。为了帮助你解决这个问题，了解让步对你和对方的价值都很重要（例如，是否有一些对你来说没有意义的事情却会对另一个人产生很大的影响？或者，你是否在考虑提供一些大的建议，但实际上不会给他们带来多大的价值）。在谈判过程中，考虑什么时候做出让步也很重要——过早地让步，意味着你可能付出更多。

进行谈判时，你需要满足以下条件。

- 明确你的需求和支撑这些需求的基本原理。这些需求应该有事实支持。

- 坚持你的需求的优先次序。

- 要公平：如果一方在结束谈判时感到谈判很难完成，未来就会产生分歧——要警惕短期的胜利会导致长期的损失。

- 诚信与信任：谈判要求双方相互信任，双方都要诚实行事。同样，要注意短期的胜利会导致以关系为代价的长期损失。例如，假设你正在与供应商进行谈判，使用其中一个竞争对手的机密信息的方式可能很有效，或者你甚至可能是不小心泄露出去，这样做会影响你在别人眼中的正直印象，毕竟，他们会认为将来你也可能泄露他们的一些机密信息。

策略：考虑你的战略需求和眼前的需求，以及它们是如何结合在一起的。例如，你的目标、需求或商务活动对公司有多重要？

（公司要购买重要的产品或服务吗？它是否赢得一个关键客户的业务？如果错过了项目截止日期，你公司的声誉会因此受到影响吗？它会影响企业的长期成功吗？）

谈判对方

正如你已经确定并考虑了自己的需求一样，花些时间考虑一下谈判伙伴的需求也是有帮助的。聪明的谈判者会在谈判初期花时间问对方一些问题——问这些问题的目的是更好地了解对方的立场，并寻求共同点。但你也可以试着先设身处地为他们着想——试着问自己以下这些问题。

- 你对于别人来说有多重要？如果你是客户，你占他们收入和利润的比例是多少（后者更重要）？如果他们是你的老板，你是一个高水平的员工，还是一个普通员工？如果你与他们是同事，是他们依靠你和你的工作，还是你依靠他们和他们的工作？

- 你们的关系怎么样——他们对你的看法是正面的，还是负面的？

- 有哪些因素你会认为是低价值的，但他们可能认为是高价值的？

- 他们的时间尺度（如财务年度和年度商业模式）将如何影响他们的需求？对于供应商来说，他们的淡季是什么时候？如果你能把买东西的时间安排在淡季，他们会给你一个更好的价格。对于老板或同事来说，是否因为年终财务状况或特别紧张的时间而导致优先级冲突？年度绩效评估何时与你的要求有关——这个问题严重吗？是否有一个项目期限需要考虑？对于客户来说，他们是否急需你的服务或产品，还是他们可以货比三家？

- 与你打交道的人是否有权做出决定？他们的权限有哪些？

- 在谈判中你需要注意哪些文化因素？双方是否有不同的谈判态度和风格，或者可能影响你谈话的特定文化差异？

- 你能做些什么才能让对方在不"丢面子"的情况下做出让步呢？没有人喜欢在谈判结束后觉得"自己输了"，所以你如何确保谈判结果是"双赢"的呢？

- 你如何先帮助别人再来帮助自己呢？在考虑他们的需求时，你能做些什么来确保他们能够从谈判结果中看到价值呢？如果他们看不到你给他们带来的价值或好处，将很难与你达成一致。

考虑你的谈判伙伴的需求，也可以帮助你自己在谈判过程中管理情绪。你可以通过花时间考虑他们的需求来意识到一些潜在的紧张时刻。你可以安排一个休息时间，让参与者都冷静下来（如果争论变得白热化），再做出深思熟虑的决定或反思讨论。

如果争论真的变得白热化，你有必要记住：这不是针对个人的。永远不要把谈判个人化——商业环境中的任何谈判都是业务讨论。即便讨论的内容看起来很私人——比如协商你的薪资或工作量，讨论你关于创建一家大型公司的梦想，甚至是要求灵活安排工作时间以陪伴家人。无论是哪种情况你都应该以公司利益最大化的角度来考虑事情。

强硬的谈判立场

前两小节问题的答案将帮助你确定自己在谈判中的立场优势。谈判立场的优势将决定你如何进行谈判。

如果你的谈判立场很强硬，那么你需要拿出负责的行动来证明，但不要过度利用你的强势。如果你在讨价还价时太过用力，可能导致长期的损失。比如，供应商在质量或安全方面走捷径，导致企业停业，员工辞职；你的老板想找人取代你的职位；或者是同事和同行对你的负面评价，导致你在这个领域的名声不佳。如果你滥用自己的强势立场，对方肯定会采取行动以确保他们不会被再次利用——无论他们能做什么，都要把你替换掉。

如果你的谈判立场很软弱，最好做出长期计划。你需要制定一个策略，尽可能减少对他人的依赖。你需要尝试使用以下方法。

- 更改你的细则或调整你的需求。
- 扩大你与其他供应商，更广泛的网络、更多样化的客户、其他管理者或同事等更多样化的人员的联系。

- 识别致命的弱点——是什么把你与这个人联系在一起的？

谈判时间

你把谈判定在对你有利的时间了吗？当我们考虑其他人的需求时，我们要稍微提到这一点，因为你不会希望把谈判安排在一年中给你带来麻烦的时候。例如，你是不是一拖再拖，以至于没有其他选择了？

每个人都希望拥有选择权，但这并不总能如愿，你需要在谈判前认真考虑拥有选择权的可能性。例如，如果你与垄断的供应商打交道，要想占据主动，除非你能找到替代的产品。或者，你正在与大老板谈判，很可能你得完全听命于他，除非你能换掉工作。在这些情况下，你很难占据谈判的主动，因此认真地考虑是必要的。

为谈判设定时间框架，并与对方商定谈判的截止日期。你需要给双方足够的时间来进行创造性的思考，并提出互利的解决方案。你应该能够跟踪遗留问题的解决进展——这也将有助于确保你没有被"欺骗"。

策略

在谈判中，你想让对方帮助你达成一个成功的结果，但应该如何公开你的信息呢？根据定义，你必须与另一方共享一些信息，但是你应该使用"有用滤网"——这些信息是会让他们向你提供更好的交易，还是会帮助对方看到给他们的好处？

问一问你自己：提供信息的最佳时间是什么时候？如果这些信息对另一方有价值，那么就值得保留下来，以确保你能从中得到一些回报。

采购谈判

有效谈判的原则可以应用于所有类型的关系和目标。然而，当你做出购买决定时，或与供应商、厂商谈判时，还有一些额外的具体建议可以帮助你。

成本模型：你需要了解构成你所购买的产品或服务的成本组件。请记住，大约75%的成本都是为你将要购买的产品或服务准备的。决定你将支付的大部分成本的是你需要的东西，而不是供应东西的人。你还需要了解是否有任何会抬高供应商成本的需求。例如，与其他客户的规格不同的独特组件，因为这可能导致你失去批量折扣的好处。一定要询问供应商，他们为其他客户使用的是什么规格。

客流量：他们最近是否失去或获得了一个大客户？如果他们已经赢得了一个大客户，你就需要警惕产能限制，但另一方面，他们现在应该能够获得规模经济，并将他们的管理费用分摊到更大的范围内，这样就可以降低提供给你的单价。此外，如果他们失去了一个大客户，那么你要确保自己不为该客户支付日常管理费用和间接费用。

谈判之外的信息：不要在谈判中贬低自己。对于许多供应商的关系，很可能有一年一次或两次谈判。有时，在这期间所说的话会对下一次谈判产生不利影响。例如，向供应商吹嘘公司盈利能力的提高，或者奢华的颁奖典礼和加薪，这只会鼓励供应商寻求更大的价格上涨空间，因为他们知道你现在支付得起。

重要提示和技巧

谁在说话：聪明的谈判者会问问题并倾听——如果你发现自己在谈判中总是滔滔不绝，这可能是事情进展不顺利的迹象。

喜欢程度：人们在谈判中会采用不同的风格，但如果你真的想从对方那里得到一些东西，那么他们越喜欢你，你如愿以偿的的机会就越大。如果你与一个权力很大的人打交道，如你的老板或者垄断供应商，这一点尤其正确。

倾听和理解：当个人误解了对方的需求时，谈判就会浪费很多时间。聪明的谈判者会问更多的问题，并试图明确地理解他们所听到的内容。

意想不到的后果：讨价还价，利用他人的利益只会鼓励他们采取会给你带来长期风险的行动。比如，在质量上偷工减料，在未来使用不同的业务，或者不让你升职。

保密性：永远不要向供应商泄露其竞争对手的信息。你要保持正直的态度。如果你泄露了供应商竞争对手的信息，供应商会认为你也会将他的信息泄露给其他人。因此，在关键问题上他不会再信任你。

记录：记录每个重大决定，并与对方分享。重要的是，双方都能充分理解所有的关键点，包括可能由于一项决定而产生的任何附带影响。

思考练习

想一想你要谈判的问题，并填写下面的表。

谈判的优先顺序

我想从他们身上得到什么 （按照优先顺序排列出来） 我的致命弱点有哪些	他们想从我身上得到什么 他们的致命弱点是什么
我的最好结果是什么 我能接受的最坏结果是什么	

在开始谈判之前，与一位知识渊博、值得信赖的知己或冷静的第三方一起回顾你的答案，以确保已经涵盖了所有选项。

第 28 章　如何处理不道德的要求

每个人和每家公司的价值观都是不同的。当你的价值观与你工作的公司不匹配的时候，或者当你的职业生涯让你感到诚信受到考验的时候，往往会引发一些问题。当人们发现自己处于道德上具有挑战性的情境中时，会感到无法对情境提出质疑，感到被困或似乎别无选择，这些情况并不鲜见，对这些问题提出质疑是完全恰当的。 伦理、道德和正直是高度个人化的东西，对许多人来说，感觉自己被工作所累，是有压力和不快乐的主要原因。

有一些可能导致这种情况的外部因素。例如，如果他们发现自己处于以下情况，那些认为自己有道德的人也许就会试图违反规则或做出错误的判断。

- 实现不切实际的业绩目标，以至于压力过大。
- 在公司里，有道德的行为没有得到奖励或赞扬。
- 其他领导者不做有道德的决定。
- 存在一种秘密行为的文化——秘密是不道德行为得以滋长的温床。

你的行动方针

如果你面临一种情况——觉得自己有被卷入不道德行为的风险，下面就是关于你要问的问题或要采取的行动的建议。

考察背景

你有足够的信息对这种情况做出道德判断吗？哪些具体行为违反了或可能违反了利益相关者的利益（利益相关者包括客户、员工、供应商和股东）？你要非常具体地确定潜在的受害方，并根据法律条文及其精神对活动进行评估，也要根据你认为公平合理的行为来评估该活动。

多听一种意见

谨慎地找一个第三方，他可能给你一个不同的观点或为你提供更多的背景信息。这个值得信任的人应该是对背景有合理了解的人，能够公正地给你提供合理的建议（所以可能不是同事、客户或管理者）。提出事实，询问他的感受，或者他将如何应对你目前所处的困境或情景。

建立“评估矩阵”

查看可供你选择的所有选项，列出每项行动方案的好处和可能的后果。具体来说，问一问你自己：谁能承受失去什么？为什么？真正的因果关系是什么？

寻找其他方法来实现目标

你有创造力吗？有没有可能在不损害自己或最终连累公司的情况下实现这个目标？

准备好与你的主管或同事讨论你的困境

重要的是不要指责（或暗示）你的主管或同事不道德，简单地概述你的关心就可以。换句话说，说明你所看到的风险或感知到的风险，并征求他们的意见。用一种感受来表达你的关心——感受无关对错，它只是表达了你的感知。你不能说："我对提议的行动方针感到不安，因为我看到了以下后果，你能帮我换个角度看问题吗？"

准备好做一个艰难的决定

可能会发生这种情况：你没有与你的老板或同事达成一致意见。如果发生这种情况，那么你必须问一问自己，这是否是你想要的工作环境。你能调和价值观上的冲突，并继续在那里舒适地工作吗？如果你做到了，你是否有可能在以后会进一步突破界限呢？这种情况是道德模糊的、不道德的，还是完全有害的或非法的？

如果事情发展到这一步，那么最终决定权将掌握在你的手中，所以你应该准备好认真考虑所有的因素和后果。

重要提示和技巧

遵守法律：永远不要触犯法律。

政策和行为准则：大多数公司都发布了价值观、政策和行为准则，这些将有助于引导对话走向积极的结果。你所做的决定应该与公司的价值观和相关政策相一致。

让你的主管早点参与进来：如果可能的话，尽早让你的主管参与到讨论中来，以确保他充分意识到你的观点和疑惑。你的关心应该以书面形式清楚、明确地表达出来。

思考练习

想一想，当你对一件事的道德标准感到不确定，或者你的正直受到挑战或牺牲的时候，发生了什么，结果如何？你干涉了吗？如果没有，为什么没有？如果你可以再做一次选择，你会做同样的选择，还是做一些不同的事情？为什么？

第 29 章　如何辞职

不管你在什么情况下辞职，都要试着与前东家保持良好的关系，这样做总是好的。因为在以后的职业生涯中，你很有可能遇到现在的同事，或者在未来的某个阶段，有人会正式或非正式地向他们问起你。你也可能在将来的某个时候，想要重新加入这家公司。因此，当你辞职时，既要考虑自己的需要，也要考虑公司的需要。

辞职之前

递交一份清晰、简明的辞职理由。不要有两个版本：一个是你对同事说的版本，另一个是你对朋友说的版本。如果出现差异，以后可能导致你的诚信受到质疑。要确保你的理由是直接和诚实的。

大多数人辞职有以下一个或者多个理由。

- 更好的方案
- 更好的职业前景或拓宽个人经验

- 更好的工作与生活的平衡
- 更方便的通勤或更少的出差
- 适应伴侣或配偶的工作，或其他家庭需要
- 新职位所要求的能力与你的技能和经验之间有更好的契合度

做好应对还盘的准备。你现在的雇主可能给你一个还盘来鼓励你留下来——更多的钱、升职或其他条款和条件的改善。在你提出辞呈之前，问一问自己：如果公司给你的待遇比新公司的好，你会怎么做。提前问自己这个问题是有好处的，这样你就不会被说服进而同意一些你在后期不想要的事情。要清楚你辞职的理由，以及什么可能影响你的决定。如果你不愿意接受现任雇主的劝说，即使对方给了你一个还盘，你也要把这一点说清楚。

检查一下你的合同，看一看公司对辞职有什么要求。你需要通知多少人？有什么竞争限制吗？你要书面辞职，还是亲自办理辞职？

辞职信

许多人对于是否应该写一封正式的辞职信感到困惑。虽然这不是法律要求，但如上所述，你的劳动合同可能要求你以书面形式辞职。此外，写辞职信（发电子邮件）是一个良好的方式——一方面是因为它是一个公认的商业惯例，另一方面是因为它创建了一份正式的记录，并为清晰地沟通提供了更大的机会。

一旦你确定了自己的理由，准备好了你的还盘回应，检查了你的合同，就请坚持你的理由，并把它写进辞职信里。虽然很多合同只会明确规定，根据你的辞职通知期[①]，你的最后一天是什么时候，但递交辞职信后仍要保持良好关系，避免过河拆桥、自断后路。所以，用积极的方式表达你的理由，指出新机会的好处，而不是批评你现在的雇主，尤其小心提防任何隐含的批评。

你还可以具体说明从现在到离职日期之间的计划。再次强调，这是为了让你的公司更容易规划，并做好记录——如果你想以最好的方式离开，这些都很重要。除了你的离职日期，你还应该关注你还要休的任何假期，以及你的安排与合同上的辞职通知期的一致性。如果你给出的时间比合同要求的要长，就把这一点说清楚。试着体谅你的雇主，你也可以主动帮着做好交接工作。同时也要感谢你的雇主为你提供了一段时间的工作。

辞职通知期

明确你在通知期内将要交付的内容，并就这些交付内容达成一致。

---

① 递交辞职申请之后，接到辞职批准之前。——译者注

准备好留下高质量的交接文件，这些文件将用于解释以下内容。

- 你的主要目标或承诺，以及在实现这些承诺方面所取得的进展：

  — 对已经完成和仍然未解决的内容进行综述。

  — 任何有风险、悬而未决的问题或机会。

  — 任何利益相关者的观点或关注。

- 任何潜在的问题。也就是说，任何并不多见的问题。因为利益相关者知道你的观点，但他们可能在你离开后再次提出，看一看是否能得到不同的回应。

- 你对角色、团队或组织的长期机会的总体看法。

- 对团队成员的详细评价（如果适用），说明他们的表现和做得不错的地方，包括你对他们的职业潜力、优势和发展需求，以及任何其他可能相关信息的看法。你的继任者有权形成自己对新团队的印象，但是，你的评价对于你的员工和你的继任者来说都是有益的，因为他们可以参考你的意见。然后，你的继任者可以决定他的印象与你的观点之间是否有关联。

- 提前清理所有未结算的费用，未经事先批准不得产生新的费用。

- 未经事先批准，不得代表公司签订任何新的协议。

- 让人们了解你离开后他们需要管理的任何公开的采购订单，或客户与供应商的协议细节。
- 与留在原公司的人保持谨慎地相处，他们会对你的离开感到失望。这可能促使他们重新考虑自己的立场，至少会带来可能引起他们关注或为他们打开机会的变化。
- 务必提醒人们，你现在工作的地方有哪些优点。

如果你要离职去加入竞争对手的公司，那么其中一些可能并不适用。首先，你必须非常清楚并迅速辞职。其次，你应该做好公司会派人护送你离开办公场所的准备，而不是要求你计算出辞职通知期。如果发生这种情况，不要往心里去，这只是公司为保护其知识产权而采取的一种适当的商业做法。这样做还能避免你无意中陷入利益冲突的境地。

重要提示和技巧

抓准时机：你应该得到奖金吗？有些公司在一年中的某些时候会发放年终奖金。在财务年度第四季度离职，可能就意味着你失去了一笔奖金。你把辞职的时间推迟到奖金发完以后，也许是值得的。

不要过河拆桥自断后路：不要陷入对现任雇主的负面谈话中。

有时候如果人们听到你要离开，他们会忍不住说出自己的担忧和好恶。一定要保持专业，不要助长任何谣言。你永远不知道你的职业生涯将带你走向何方。所以，你应该假设现在的雇主很可能将成为你未来某个阶段的潜在客户、客户或重要的利益相关者。

避免挖人：在辞职通知期内，不要给即将成为你前同事的人任何暗示，也不要主动帮助他们在你的新公司找工作。离开公司后，你也可以选择回来与以前的同事谈一谈机会，但在这个特殊时期不要这样做。

思考练习

辞职前做最后一点尽职调查，把你目前的职位和公司的所有优点都列出来，并与你在新公司得到的待遇进行比较。例如，在你目前的公司里，你无法从这次跳槽中得到什么特别的收获？

列出你可以做的所有事情，以减少你的离职对现在的雇主的影响。创建一个离职计划，并将工作移交给同事或继任者。这些可能需要你离开后再回来做交接。

第 30 章　继任计划

每一个盈利企业的基本原则都是最大限度地利用其资产，为客户和股东创造价值。是企业员工决定了这些资产（如土地、建筑、知识产权等）中有多少是有价值的——这意味着公司的竞争优势完全依赖于组织内人力资本（人员）的质量。

因此，继任计划的目的是通过确保业务不受关键人员突然流失的影响，从而保护这种竞争优势。例如，如果有人辞职或生病，或者有人退休或跳槽，不会导致集体认知逐渐丧失。

什么是继任计划

人力资本在本质上是流动的，因为人们可以自由进出企业。你的大部分资产都可以被复制或模仿，但人力资源对组织来说是独一无二的。因此，这是你与竞争对手的一个关键区别。这意味着继任计划是一项需要定期执行的重要纪律。简单地说，这个术语就是你制订的后备计划，以确保当你的团队或公司的任何成员因为任何原因而离开时，他们都可以被其他为这个职位带来同等或更好价值的人替代。

如何制订继任计划

首先，确定支撑组织成功的关键工作职位和关键知识。对每个职位或专业知识进行分析。

- 关于这个职位，什么是至关重要的？
- 如果这个人突然离开会发生什么？

其次，对于每个关键职位，写下当前在职者的名字，以及在下面的三个类别中，可以替换他们的个人名字。

短期内（立即）准备好：一份具备相应能力和经验的候选人名单，他们能够相对无缝地进入该职位，并立即生效。这个人很有可能将在这个职位上取得成功，没有与这个角色相关的重大能力差距或发展需要。换句话说，这将是一个低风险的任命。但是别忘了，很有必要检查一下名单上的人是否真的想要这个职位——如果某人并不渴望得到这个职位，那么在继任计划中写上他的名字就没有意义了。

中期内（1~3年）准备好：这是一份有潜力者的名单，他们在目前的岗位上表现良好，有抱负和愿望晋升更高的职位，承担更多的责任。然而，公司需要一定时间来培养他们某些方面的能力和经验，然后他们才能无缝融入这个空缺职位。公司应积极支持个人发展必需的能力、知识和经验，使他们能够在不久的将来成为候选人。个人也应该有一个适当的发展计划，使自己现在就能胜任候选人。

长期内（3~5 年）准备好：一份可能是在职业生涯早期就表现出潜力、在目前的岗位上表现良好、有抱负和愿望晋升更高职位、承担更多责任的人的名单。然而，他们需要时间来发展所需的能力和经验，并需要在其他职位中获得实际经验，然后才能无缝进入相关职位。公司应该积极支持个人发展必要的知识、技能和经验。

对于你的高绩效员工来说，继任计划可能是一个激励工具，因为他们看到你在考虑让他们长期参与公司事务。所以，最好让员工知道你在为他们制订计划！

重要提示和技巧

有所选择：要警惕对一小群关键人物的过度依赖——如果你把同样的人安排在许多职位的继任计划中，这可能表明你在公司里没有足够的人才可用。

多样性和一致性：正如你的组织应该反映你的客户群一样，

你的继任计划也应该反映你的客户群：继任计划是否多样化？它还应该与你的业绩评估相一致。例如，你不希望在继任计划上表现不佳。

"随时走人"的风险：制订继任计划的另一个好处是，它突出了那些有能力并准备跳槽的人——"短期内准备好"的人。从这个群体的本质来看，这些人有可能"随时走人"，如果他们没有看到内部的职业发展机会，就很可能从外部开始寻找。

因为这些人都是你的优秀员工，他们表现出色，受人尊敬，而你也不想失去他们。所以，让他们知道你为他们制订的计划，或者找到其他的好处来激励他们留下来，这些都是值得的。

保持平衡：注意外部应聘者与内部候选人的平衡。随着时间的推移，你需要给团队带来新的视角，以便更新团队血液，所以你的继任计划应该包括外部候选人。如果你不能说出潜在的外部候选人，那么可能需要投入时间和精力来加强你的外部网络。

关键人物优先：确保你把重要职位分配给了顶尖人才。

思考练习

练习你的继任计划技巧。考虑一个职位——这可能是你的职位，也可能是团队成员的职位。遵循这个职位的计划流程。

1. 记录你能想到的所有人——他们明天会准备好进入这个职位。

2. 记录你能想到的所有人——只要稍加培训和投资，他们就能胜任这个职位。

3. 记录你能想到的所有人——他们可能需要通过大量的培训和投资才能胜任这个职位。

反思一下这些名单。第一个名单很长吗？如果是这样，这些人可能很快就会寻找其他机会。第一个名单很短，还是根本不存在？那么，你可能要考虑对员工进行一些培训和发展。名单上的所有人目前都在从事发展计划或活动吗？你知道他们的愿望吗？你是怎样知道的？

第31章 向员工透露令人失望的消息

传达坏消息从来都不容易，对收到坏消息的人要抱有同理心并有所体谅，这一点是很重要的。最重要的是，个人应该始终能够保持自己的尊严。

从长远来看，接收坏消息的人会尊重诚实和直接、简洁的语言。然而在短期内，一个人可能有情绪反应，所以准备好接受他们对你所说的话做出反应。

如何传达坏消息

下面的步骤并不是传达坏消息的完美方式，而是指导你如何调整自己，以确保坏消息不会因为一次拙劣的传达而变得更糟。

要有礼貌

你的语气和举止必须彬彬有礼，并专注于接收消息的人。重要的是，不要采取一种可能被错误理解的方式，如表现出轻松愉快的状态。

要准备好

做好充分的准备，以确保你知道事实，并且能清楚地传达信息。如有需要，事先与适当的第三方练习一下。

要深思熟虑

如果听者可能有情绪反应或者感到非常失望，那么可以考虑这样做：在一个私人的地点举行会议，会议结束后员工可以马上回家，而不必面对同事。

每个人对坏消息的反应都不同。对一些人来说，影响只是瞬间的，而对另一些人来说，真正的影响可能需要更长的时间才能体现出来。如果有特别坏的消息，你应该计划好让这个人在当天或本周余下的时间休假。如果你可以给予照顾性准假，那么这样做就很恰当，为此做好准备也是值得的。你还应该意识到，在某些情况下，压力导致的病假风险会增加。

咬紧牙关

在通知某人坏消息时，重要的是要迅速说到点子上。不要长篇大论地谈论无关紧要的话题或历史。如果某人能感觉到有坏消息要来，那么被无关紧要的事情分心，或者被误导，或者对方试图用大量无关的细节来缓和谈话，都只会让他感到不舒服。其实只需要简单地介绍一下就可以了。

保持简洁和一致

当坏消息是你做出的决定导致的结果时——如裁员、与业绩相关的解雇，或者忽视某人的晋升或理想的项目，你要能够证明你在决策过程中是客观公正的。你要非常清楚这个决定背后的原因，并确保对于做出决定没有含糊不清的地方。这也就排除了制造虚假希望的可能性。

比如，说"公司已决定缩减规模，将会有裁员，不幸的是你会受到影响"，要比说"我们正在做裁员的决定……很可能有裁员，但我们将在稍后公布"表达得更清晰和明确。

前者可能听起来有些刺耳，但它意味着受影响的人将能够开始采取适当的行动，并立即处理对坏消息的感受；而后者也许听起来更温柔，但将延长不确定性和随之而来的焦虑。

清晰明了的重要性怎么强调都不过分。比起含糊其词的坏消息，人们能够更好地处理被清楚传达的坏消息。事实上，不确定性可能比实际的坏消息本身更具有压力，更难以处理，所以尽量让讨论清晰明了吧。

承认这个消息

你是传达消息的人，所以不要躲在人力资源部门或"公司政策"的后面。你需要承认这个消息并对其负责，尤其当消息实际上是你所做决定的结果时。

留出提问的时间

这种会议不能赶时间，要允许个人有时间表达他们的观点和情绪，并要求更多的信息。他们可能需要发泄，所以让他们说，而不要挑战他们。只有当你认为一个关键的事实被误解时，才需要做出回应，否则就让他们表达个人的观点。记住，一个观点没有对错之分，他们有权表达自己的观点。

讨论之后要总结

讨论结束时，要总结要点并概述接下来的步骤。非常有必要向他提供这些信息：接下来会发生什么，以及随着时间的推移你会向他提供什么支持。要非常清楚，在这个阶段要坚持事实。

在对方发生情绪反应时，你要保持冷静和专业，倾听个人意见，记录所做的评论，但不要参与辩论。你永远不要与一个情绪高度激动的人辩论，那样做不合适。记住，他们可能没有意识到信息是如何影响了他们的行为，所以在进一步传达之前，一定要给他们时间来消化信息。当然需要注意的是，你永远不应该容忍辱骂性的语言或行为——如果会议这样就是失控了，你应该把它缩短。

重要提示和技巧

获得建议：如果你正面临被裁员或被解雇的情况，一定要在会议开始前寻求相关的人力资源和法律建议。

不要给信息裹上糖衣："糖衣包裹的信息"只会让个人更难以理解他们所听到的信息的真正意义，并可能给他们带来虚假的希望。

不要做假设：不要以为坏消息会对所有人产生同样的影响。对一些人来说，这可能是毁灭性的；但对另一些人来说，这可能只是他们寻求做一些不同事情的催化剂。

不要把情况个人化：不要运用诸如"我不得不告诉你这件事是很困难的""我知道你的感受"一类的话。不要表达你的意见，只有在别人征求你的意见时才能提出来。随着时间的推移，特别是在适合他们而不是适合你的时候，主动向其提供支持。试着去了解你能做些什么实际的事情来帮助他。

裁员规则：在裁员的情况下，提供再就业服务或帮助其准备在公司之外开始新的职业生涯，这是正常的做法。

团队内部裁员：在裁员的情况下，那些没有被裁员的员工可能感到内疚，或者对公司有负面反应，所以你必须与他们协作"重新招聘"。这一过程可能令人不安，并会促使他们考虑外部选择。他们可能已经得出结论现在想要跳槽，而不是等待下一轮潜在的裁员。

思考练习

想一想上次你在工作中听到坏消息的情形。是什么让这个过程变得更容易？是什么让它更难以处理？你是怎样知道的？如果你是那个传达消息的人，你会有什么不同的处理方式吗？

试着问你认识的人同样的问题。什么有用？什么没用？他们更愿意听到这个消息吗？

第 32 章　决策力

涉及做决定时，关于如何做好这一点有许多模型和理论。检查一下公司的流程：如果有一个清晰的、证据充分的决策过程，那么组织的效率、动力和士气都可以得到极大的提高。因此，我们有理由期待贵公司将制定相关政策或提供有用的信息。无论组织中的具体流程是什么，大多数决策方法都基本符合本章中的各个阶段。

决策过程

- 数据创建和分析
- 开阔眼界
- 参与开放的辩论
- 风险分析：做好尽职调查
- 连续性的监测评估

数据创建和分析

一项决策受到欢迎或实现其预期结果的可能性，在很大程度上取决于所采用的数据和分析的质量。通常，数据是决策过程的基础，因此彻底检查数据的质量是至关重要的。真正重要的是将数据转换为知识，然后使用这些知识创建一种商业洞见，从而提供可持续的竞争优势。当你观看这些数据时，很有必要将事实、观点和假设三者区别开来。人们很容易变得非常执着于自己的观点，以至于开始将其视为事实。这并不是说意见或假设在这一过程中的价值较低，而是为了维持决策过程的完整性，我们必须将这些意见和假设同实际数据分开并明确地加以识别。

如果没有足够的数据，在做出不可逆的决定之前，可以谨慎地设置试点或进行试验来创建数据。试点或试验的结果可以成为长期决策的基础。

小心不要落入只看到你想看的东西的陷阱。个人以只看到数据的某些方面来证实他们无意识的偏见，或他们已经持有的观点，这种情况并不罕见。第三阶段（开放的辩论）应该能够帮助你理解其他观点或解释，如果你准备改变或修改自己的观点，那么这样做将会有益。

直觉或你的"内心感受"未必是这个过程的敌人，但你必须根据经验在某个时间和地点做出判断。重要的是陈述你的决定背后的理由，并且诚实地讲述。不要试图把直觉的决定伪装成基于数据的东西，因为这有可能严重损害你的可信度。

开阔眼界

如果这个决定将带你进入一个新的领域，那么你最好征求那些尝试过做类似事情的人的观点，或者那些在过去处理过类似挑战的人的观点。你可能在大学或行业协会中会发现一些研究，这些研究可以为你提供最新想法，或者至少可以帮助你识别有经验的主题专家。同样，即使你自己是专家，也要检查一下自己是否接触了关于这个话题的最新想法。

参与开放的辩论

数据的解释并不是一门精确的科学，因此将不同视角的人聚集在一起讨论对该数据的解释是有益的。这不是因为解释有好坏，而是因为从不同的角度来看，你更有可能产生更全面、更给力的商业洞见。辩论的目的是让你对其他可能性敞开心扉。通常在完成过程的第一步后，我们会使用数据来捍卫或强化自己的观点，所以获取其他观点可以帮助你确保已经充分考虑了各种可能。

风险分析：做好尽职调查

这个阶段可以称为"魔鬼代言人"阶段。人们很自然地会被一个想法背后所蕴含的热情吸引。事实上，这是一个积极的动力，它能给你信心去执行决策。然而重要的是，不要被机会或预期的积极结果蒙蔽了双眼。最重要的决定将涉及权衡或风险因素。因此，花些时间彻底了解可能出错的地方是很重要的。会不会有意想不到的后果呢？根据每个关键假设完成一系列的"假设"场景。查看可能出错的地方的目的，不是辨认不做决策或延迟决策过程的原因，而是清楚地确定风险，以便采取适当的缓解措施。在彻底评估了风险并确定了缓解措施之后，你应该对做出决策或承担风险更有信心。这个阶段是建立对决策质量的信心和信任的关键环节。

连续性的监测评估

决策的制定并不是决策过程的终点！重要的是支持进步和决策本身产生的任何行动，这样才能达到预期的结果。记录已吸取的教训也是重要的：首先，设置一条基线，根据这条基线可以对决策进行任何修改；其次，别人可以从在决策过程中获得的知识中受益。任何重大决策的实施都应该伴随着一个健全的计划、清晰记录的里程碑、对所有受影响的利益相关者的明确责任，以及对成功将是什么样子、如何以及何时进行衡量的非常清晰的前景的描绘。当你取得进展时，既要准备好在途中且行且庆祝，也要准备好在结果似乎不会实现的情况下调整你的方法。在最坏的情况下，你可能不得不减少损失，把整个经历当作一次学习的机会。成功的领导者知道，他们的一些决定不会像预想的那样实现，他们总是在减少损失后继续前进，而不是把资源浪费在不必要的失败的事业上。

重要提示和技巧

决定的时机：大多数企业都会经历一个相对可预测的重复性事件的年度周期。比如，半年报告、季度业务回顾、年度预算、客户和行业活动等。这意味着做出决定的时机很重要。例如，在年度预算签署后做出需要投资的决定，可能导致该决定被推迟到下一年。在查看决策过程时，要确保对该过程进行管理，以便及时结束任何业务资源分配或优先级讨论，这总是好的。

支持者们：对于任何重大决定，都有必要征求那些积极支持你的决定的盟友的意见。确保来自有影响力的利益相关者的承诺，他们将积极支持你和你的决策。被动的支持可能不足以让你做出正确的决定，尤其在优先级存在冲突的情况下。

思考练习

想一想你必须做出的决定。

列出关键的人员——其他决策者是谁？如果有的话！谁是主要的影响者？你的决定会影响到谁？

现在制订一个计划——这些人会给这个过程带来哪些影响因素？你如何征求他们的意见？相对而言，每个人的需求和观点有多重要？你要如何让每个人都同意你的决定呢？

第33章　自主创业

据估计，只有 1% 的初创企业可以获得成功，多数在最初的两年就失败了。尽管困难重重，每年还是有很多人自己创业。创业的动机可以是想做自己的老板，也可以是把爱好变成生意。但是要相信，你的产品和服务理念只有从一开始就被投入百分百的时间才能成功。不管你的理由是什么，经营自己的企业不是懦弱之人能做到的！具体来说，你必须这样做：适应艰苦的工作，准备好在竞争激烈的市场中推销自己和产品，接受风险，做好被拒绝的准备，能够忍受与收入相关的不安全感。此外，你还必须准备好改变方法和修改产品或所提供的服务，以满足市场的需要。知道如何回应反馈是一项你必须培养的技能。话虽如此，但经营自己的企业还是有很多好处的：你有自己做决定的自由，没有大公司的官僚主义，没有公司的政治；你按照自己的节奏工作，可以从任何成功中获得巨大的个人满足感。

先做应该先做的事情

你准备好迎接挑战了吗？作为一名企业家除了满足必备要求外，还需要巨大的性格力量和一定程度上的个人奉献精神。这不仅会影响你的生活，还会影响你所爱的人的生活。如果你支持家人，作为回报他们也得支持你，并愿意这样做。这可能意味着不仅是经济上的支持，生活中没有你也行，或者可以接受你长时间在外出差或奔波。与其他重大决定一样，对于你来说，有一个明确的成功标准和一个时间框架是很有帮助的。在这个时间框架内，你将做出决定，继续或减少损失，是否回到正常的有偿就业的世界。时常思考一下你为什么想要经营自己的公司，这也是很好的。你要意识到，经营一家企业很可能让你脱离现在的核心工作。

自我评估

你有什么需要？具体地说，你是否有时间、激情、精力和动力，在一段不确定的时间内免费或几乎免费地工作？你愿意赌上自己吗？你是否具备经营企业的适当技能和能力？通常情况下，你必须非常熟悉关系管理，尤其是善于推销自己的想法，有财务管理和自我推销的能力。在一家新公司里，你没有主要的资产，也没有业绩记录，所以，任何投资你的公司或从你这里购买产品的人，都是把他们的信任建立在你的身上，而不是你的产品或服务上。因此，你必须被确认为具有可靠的行业知识或专业技能。你拥有什么样的知识或见解，能让你在市场上看到别人还没有看到的产品或服务的缺口？

你经营企业的成功景象是什么样子的？你能用另一种方式获得同样的成功吗？企业的目的是什么？列出你个人的成功标准：你希望什么时候能实现这些目标？你将如何衡量成功？在定义你的成功标准时要非常具体，包括硬措施和软措施。

你的退出计划

在创业之前就想好退出企业的计划，这似乎有违创业的初愿，但了解自己的极限也很重要。你可能获得巨大的成功，并以一开始无法想象的速度拓展了业务，或者你可能不得不削减损失并退出，以防止进一步扩大损失。关键是在开始之前你就要知道自己的极限。当你的合作伙伴参与业务时，这些问题的答案尤其重要。所有的合作伙伴都需要知道其他合作伙伴的愿望，以及他们退出的触发因素。了解构成你退出计划的标准很重要，这样你就不会随波逐流。随着时间的推移，你的退出计划可能影响投资决策。有些人建立企业的目的是把公司交给下一代；还有些人建立企业的具体目的是，一旦他们能获得可观的回报，就尽快卖掉公司。这两种想法没有好坏之分，但重要的是要知道哪一种更适合你。

彻底评估你的目标，制订一个替代计划。例如，如果你已经建立了一个企业，希望某个家庭成员能接管它，却发现他对在该企业的工作不感兴趣，那么就要准备实施一个替代计划。

初步的关键决策

你需要选择一个企业名称、产品或服务的品牌名称、商标，可能还有一些标语。

你能够为你的产品或提供的服务的任何方面申请专利吗？

你的产品或服务是否包含任何你独有的知识产权（简称 IP）？如果是，你将如何保护它？

你的公司准备设在哪里？与客户、供应商、分销商、竞争对手和互补型公司的密切关系，都可能对企业的成功产生影响。

上面的问题虽然可能看起来是琐碎乏味的细节，但当涉及管理成本和获得政府拨款时，它们就会非常重要。在做最后决定之前，一定要从你的会计那里得到最好的建议。

产品或服务

针对以下问题，你需要有可靠的答案。

- 到目前为止，没有你的产品和服务，这个世界是如何运转的？

- 你要解决的具体的客户需求是什么？

- 人们愿意为需求得到解决而支付多少钱？

- 人们愿意为你的产品或提供的服务支付多少钱？

最后两个问题的答案很可能是不同的，尽管它们似乎在问同样的问题。首先，客户虽然愿意支付相当多的钱来满足自己的需求，但如果他们不确定你的产品或服务能否满足其需求，可能就不愿意支付那么多钱。其次，如果有替代产品或服务部分满足了他们的需求，即使你的产品或服务能够实现完全满足，他们可能也不准备支付更多。最后，如果你的产品或服务是面向小众的，可以满足特定的客户需求，虽然你的竞争对手可能不会满足这些特定的小众需求，但他们的产品或服务也可能满足一系列其他需求，这就会影响客户单独购买小众产品的可能性。

- 你与竞争对手有什么不同？客户会愿意为这种差异化付费吗？他们愿意为此支付多少钱？

- 你将如何保护自己的竞争优势？

- 你认为当你推出产品时，竞争对手会有什么反应？

- 潜在的客户如何了解你的产品或提供的服务？

研究与规划

行业研究、产品类别研究、客户和竞争对手研究都是创业的重要前提。记得要以开放的心态做研究。对于一名充满热情的企业家来说，做研究是很诱人的，但他只看到和听到能增强自己热情的片面的信息。如果有必要，在审查研究数据时，邀请第三方做一个冷静的"魔鬼代言人"也许是明智的。

商业计划

编写一份优秀的商业计划的原则是，它能帮助你定位思想，提炼你的价值主张，还应该使你对行业中可能有的机会和风险保持开放的心态，并使你能够在必要时准备好应对计划。该商业计划能帮助你把想法变成现实，并将成为你未来决策的参考点。

商业计划实现了许多功能——从根本上讲，它是建立企业与第三方（如投资者或潜在客户）合作模式的文件。它是一个工具，应该支持和统一所有其他相关的商业计划，如营销计划、财务计划、运营计划等。所有商业文件都应该与商业计划完全一致。如果它们不一致，那么工作就会被分散，可能导致效率低下和资源浪费。

商业计划是公司的"圣经"，它促进了以下几点。

- 它使目标变得清晰——一份写得好的商业计划将能够清楚地回答关于公司未来发展方向的各种问题。

- 它能为企业的利益相关者，如投资者、客户、员工、银行等带来清晰的目标。
- 它是所有其他规划性文件（如市场计划、财务计划等）的基础。
- 它搭建了与第三方合作的桥梁。
- 它是潜在员工的激励工具。

财务计划

有了财务计划，为现实的结果做好准备就是有益的。然后，你要设想两个可能的场景：一个是乐观设想，收入比计划高出10%；另一个是悲观设想，收入比计划低了15%。设想这两个场景的原因是，让你为每个场景必须做出的不同决策提前做好准备——如果你在没有压力时提前做了这些决定，那么当相关的场景成为现实时，你就可以把这些计划作为你的出发点。

记住，现金流对于大多数新企业来说都是至关重要的。从表面上看，一个企业是赢利的，其产品或服务在市场上很受欢迎，但是，如果没有现金流来支持该企业的日常运营，那么企业就会陷入停滞。现金短缺可能意味着你将不得不在关闭、获得更多投资（从而降低你的股权份额）或获得贷款（可能使你的个人资产面临风险）之间做出选择。因此要对现金流非常警惕！

财务计划的另一个关键方面是产品和服务定价——你需要对

定价有一个非常清楚的考量，因为这将成为你价值主张的重要组成部分。明确你的市场路线，以及你如何为每个细分市场的产品或服务定价。你还需要非常清楚，当想要偏离你的核心定价模型时，将使用什么标准。例如，你会为批量购买或重复购买提供折扣价吗？你会为新客户提供一个试销报价吗？你提供"免费增值"服务吗？如果你的竞争对手降价，你会怎么做？无论你选择哪种定价策略，都必须与你提供的其他产品保持一致。例如，如果你销售的是高质量的产品，但是价格很低，那么你就向潜在客户传递了一个好坏参半的信息。他们很可能得出这样的结论：产品一定有缺陷，因为价格很便宜。

市场营销计划

营销计划将关注你的产品或服务报价与市场之间的关系。具体来说，必须解决下列问题。

- 产品的定位是什么？超高档、高档？中端市场？好价值、低成本？
- 目标市场是什么？与你所瞄准的细分市场相关的人口统计数据是怎样的，是增长，还是萎缩？你希望获得多大的市场份额？
- 你将如何让市场了解你的产品或服务？

- 你准备在市场营销和广告上投入多少？你将如何利用这些投资来获得最大的影响？
- 你将如何发现和吸引客户？
- 你如何将产品或服务销售给客户？

处理业务和做生意

你既要处理业务，也要做生意。在任何初创企业的早期，你都要花很多时间在业务上：建立公司，建立品牌，推广你的想法，寻求第三方的支持，建立关系网，寻找客户，以及面对其他许多不一定会得到报酬的强制性任务！这就是所谓的处理业务。

做生意是指做一些促使客户付给你钱的事情。为自己工作有一个固有的挑战，即你必须在做业务和做生意之间分配好时间。如果你破坏了这种平衡，就会有现金流问题。在处理业务时，重要的是，要在创造未来收入机会和非创造收入的活动（如提交账户、支付账单、计划、追讨坏账和企业管理的其他方面）之间合理地分配时间。

一定要明白你为什么想要建立自己的公司。经营一家企业与身在其中是非常不同的。

学习法律

在商业上，不懂法律不能作为辩护的理由。你必须了解自己的义务，以及将如何遵守所有相关的标准、法律、法规、规章和规则，并很有必要遵守法律的文字和精神。你的守法行为是个人诚信和品牌诚信不可分割的一部分：用你的正直品质去冒险，从来都不合适，也不值得。

税收

要确保遵守税务机关制定的所有要求。一定要与你的会计师一起研究，这样就会知道下面的事情。

- 你的税务负担可能是多少，以及什么时候必须支付这些费用？
- 如何保存必要的记录？
- 如何确保按时提交报税表？
- 从哪里获得关于税务规划的帮助？

你需要支持

经营自己的企业可能获得巨大的回报，同时也是一种孤独的体验。作为一个初学者，或者是"大池塘里的一条小鱼"，这都是令人沮丧的。刚开始，你不太可能有经济保障，还有许多风险需要面对。另外，积极的客户反馈、赢得新业务和收入提升则可能令人陶醉。重要的是，要让自己在心理上做好应对高潮和低谷的准备，弄清楚在不同的情况下自己将如何应对。只要有可能，就找一位导师、教练或值得信赖的知己来帮助你处理可能面临的情况。有些高潮和低谷可能是由那些向你许诺生意却从未真正兑现的人造成的；或者更糟糕的是，人们与你做生意，却不按时付款或根本不付款。记住：除非你得到报酬，否则生意永远都得不到保证！

有很多组织会提供免费或几乎免费的产品和服务来帮助新企业起步，所以一定要尽可能地利用它们。你得到的建议、帮助和支持越多越好——既可以帮助你避免不必要的开支，也可能产生意想不到的机会。

在早期，让人们了解产品或服务将是你的首要任务之一。在这方面，你的人脉是无价的。要保持开放的心态，你可能从未想过会从相关的联系人那里得到业务推荐。要确保你的社交网络不仅知道你在做什么，而且知道他们能帮上什么忙——明确你需要什么，才能让人们更容易帮助你。与他人（包括竞争对手）合作也可能是必要的，所以要保持开放的心态。

重要提示和技巧

试一试：你愿意长期坚持自己的想法吗？如果合适的话，看一看能否以志愿者的身份在慈善机构或非政府组织实践你的想法。你可以与顾客一起探讨，这样就会得到关于你的产品或服务的反馈，可以看一看你是否喜欢提供这些产品或服务的活动，同时也有机会回馈社会。

正式开始之前找到客户：验证你是否拥有真正的商业机会的唯一方法是争取到一个付费客户。如果可能的话，在你辞职前尽量争取到一个客户，但不要从你现在的雇主那里挖走客户！

改进你的产品：准备修改或调整产品以满足客户的需求。客户不一定会瞄准你的产品或服务，但是会来寻找能帮助他们满足需求的人。

你的模型：你需要用一个模型来解释自己的业务。许多人要求有模型或可视化的过程——特别是潜在的投资者。你的模型必须显示以下内容：投入、运行过程、产出过程。

关注现金流：有时，非常成功的企业也会因为简单的现金耗尽而步履蹒跚，所以一定要密切关注现金流。

关注顾客：了解你的客户是至关重要的。具体来说，你的产品或服务如何能使他们更成功？谁是公司里的决策者？要明确区分影响者和决策者。

思考练习

练习向朋友或值得信赖的知己推销你的商业创意。

要求他们必须极其挑剔——你能回答他们的问题吗？他们说出了什么缺点？他们看到了什么机会？

第四部分
附录

附录 1：简历样本 A

姓名

> 地址：× × × × × × × × × × × ×
> 主页：× × × ×@× × × ×.com
> 领英：www.linkedin.com/in/xxxxxxx/

　　职业摘要：X 年以上在 × × 行业的国际领导经验。我关注客户体验，通过提供优质的客户服务，提升品牌价值主张。我非常注重个人和团队的发展，并在 XXX 和 YY 获得了研究生学历。我是当地 YYY 俱乐部的管理委员会成员，经常在 BBB 做志愿者。（注意：在你申请的职位描述中需要突出显示某些属性）

工作经验

2010 年 6 月至今

高级小部件生产经理（目前雇主）

- 在过去的四年里，通过三个严格的销售流程纪律，公司的销售额增长了 X%，超过了我的既定目标。
- 通过消除生产过程中的浪费，使销售成本降低了 Y%。
- 通过引入更有效的工作方式，使客户的面谈时间增加了 X%。
- 通过引入创新的客户参与方式，显著改善了客户服务。
- 通过积极帮助团队中的其他人达到目标来提高团队士气，并帮助团队组织晚间的娱乐活动。
- 随着最近国家法律的变化，与同事和客户一起努力推出新的产品系列。

2005 年 5 月至 2010 年 5 月

初级小部件生产经理（目前雇主）

- 节约了资金还是创造了利润？
- 节省了时间或是提高了效率？
- 改进了工作流程，还是工作方式，抑或创新思维？
- 对客户产生积极影响的例子。
- 改进遵从性或最小化风险的例子。
- 良好团队合作的例子。
- 处理变革的例子。

2002 年 5 月至 2005 年 4 月

实习运营经理（前雇主 A）

- 节约了资金还是创造了利润？
- 节省了时间或是提高了效率？
- 改进了工作流程，还是工作方式，抑或创新思维？
- 对客户产生积极影响的例子。
- 改进遵从性或最小化风险的例子。
- 良好团队合作的例子。
- 处理变革的例子。

1999 年 5 月至 2002 年 4 月

质量控制专员（前雇主 B）

- 节约了资金还是创造了利润？
- 节省了时间或是提高了效率？
- 改进了工作流程，还是工作方式，抑或创新思维？
- 对客户产生积极影响的例子。
- 改进遵从性或最小化风险的例子。
- 良好团队合作的例子。
- 处理变革的例子。

如果你以前经历了更多工作，就简单地列出来。 没有必要提供更多的细节，除非它们与你申请的职位比你最近的职位更具相关性。

教育程度

学历资格

本科：

X 大学艺术学士（1999 年）

研究生：

Y 大学 MBA 学位（2000 年）

X 大学 YYY 文凭（2:1）（2003 年）

Y 学院园艺文凭（2:1）（2005 年）

兴趣爱好

积极参加当地的体育或戏剧俱乐部（需说明活动类型：行政、辅导、教学、领导等）。

地方商会或整洁城镇委员会委员。

列出任何志愿服务经历。

附录 2：简历样本 B

姓名

我是一名领导者，具有为商业挑战构建创新解决方案的能力。我有 X 年的公司、企业和非政府组织工作经验，所有这些都是为了提供高质量的结果。

工作经验

2017 年 6 月至今

高级小部件生产经理（目前雇主）

- 在过去的四年里，通过三个严格的销售流程纪律，公司的销售额增长了 X%，超过了我的既定目标。
- 通过消除生产过程中的浪费，使销售成本降低了 Y%。
- 通过引入更有效的工作方式，使客户的面谈时间增加了 X%。
- 通过引入创新的客户参与方式，显著改善了客户服务。

- 通过积极帮助团队中的其他人达到他们的目标来提高团队士气，并帮助团队组织晚间的娱乐活动。
- 随着最近国家法律的变化，与同事和客户一起努力推出新的产品系列。

2016 年 1 月至 2017 年 6 月

初级小部件生产经理（目前雇主）

- 节约了资金还是创造了利润？
- 节省了时间或是提高了效率？
- 改进了工作流程，还是工作方式，抑或创新思维？
- 对客户产生积极影响的例子。
- 改进遵从性或最小化风险的例子。
- 良好团队合作的例子。
- 处理变革的例子。

2012 年 5 月至 2016 年 1 月

实习运营经理（前雇主 A）

- 节约了资金还是创造了利润？
- 节省了时间或是提高了效率？
- 改进了工作流程，还是工作方式，抑或创新思维？
- 对客户产生积极影响的例子。

- 改进遵从性或最小化风险的例子。

- 良好团队合作的例子。

- 处理变革的例子。

2011 年 4 月至 2012 年 4 月

一级方程式赛车手（汽车公司）

- 节约了资金还是创造了利润？

- 节省了时间或是提高了效率？

- 改进了工作流程，还是工作方式，抑或创新思维？

- 对客户产生积极影响的例子。

- 改进遵从性或最小化风险的例子。

- 良好团队合作的例子。

- 处理变革的例子。

2008 年 9 月至 2011 年 4 月

驾驶教练（XXX 公司）

- 节约了资金还是创造了利润？

- 节省了时间或是提高了效率？

- 改进了工作流程，还是工作方式，抑或创新思维？

- 对客户产生积极影响的例子。

- 改进遵从性或最小化风险的例子。

- 良好团队合作的例子。

- 处理变革的例子。

其他职位

2005 年 5 月至 2006 年 9 月：英国动物软件公司创始人兼首席执行官

2004 年 2 月至 2005 年 4 月：英国 IT 有限公司 IT 经理

2000 年 10 月至 2004 年 1 月：爱尔兰咨询有限公司 IT 咨询顾问

2000 年 1 月至 2000 年 7 月：澳大利亚冥王星公司合同设计师

1998 年 9 月至 1999 年 9 月：美国小型咨询有限公司分析员

兴趣爱好

XXX 足球俱乐部委员

U12 足球队教练

教堂唱诗班成员

XXX 慈善机构志愿者

教育程度

工商管理学位

美国 YYY 大学硕士（2008 年）

新型商务开发

YYY 学院研究生理科硕士（2006 年）

法律学位（民法学士）

都柏林 YYY 大学学士学位（1998 年）

证书或课程

洗瓶技术（加州大学洛杉矶分校）

地毯清洗（弗吉尼亚邦联大学）

绘画（利默里克大学）

产品设计（利默里克大学）

进修中

精品课程（机构名称）

书本知识（机构名称）

个人档案

行业

能源、信息技术、金融

关键技能

展望和构想

领导力

逻辑清晰、有批判性思维

交流

能力激发

创新方法

穷人创业

妈妈测试

设计思维

兴趣

体育运动

慈善筹款

旅行

家庭时光

推荐信

一经要求，立即附上

附录 3：入职审查表格

使用这个模板来开发你自己的矩阵，根据它来衡量你的新员工融入各自职位的程度。我建议分别在 6 个月和 18 个月的时候进行审查，但你可能发现，对于额外的审查重点，3 个月、9 个月或 12 个月的复审可能更合适或更有帮助。

责任范畴	
所需的活动或输入	
6 个月的成功标准或影响	
18 个月的成功标准或影响	
评论	

附录4：员工入职的利益相关者

使用此模板可以为新员工勾勒出利益相关者，以及他们在职位中的成功未来。直接下属或上级需要新员工做些什么？新员工需要从他们身上得到什么？什么样的具体信息可能对新员工有帮助？

利益相关者	利益相关者想从新员工那里得到什么	新员工需要从利益相关者那里得到什么	评论
例如，营销主管	每周管理"一对一"；营销目标的达成	对该职位的持续支持；在重要项目上发言	例如，该利益相关者将成为新员工的直属经理